CAPITAL
ALLIANCE

资本联姻：
混合所有制改革与员工持股全解析

张小凤 ◎ 著

中国金融出版社

责任编辑：亓　霞
责任校对：张志文
责任印制：丁淮宾

图书在版编目（CIP）数据

资本联姻：混合所有制改革与员工持股全解析/张小凤著 . —北京：中国
金融出版社，2019. 2
ISBN 978 - 7 - 5049 - 9940 - 5

Ⅰ. ①资…　Ⅱ. ①张…　Ⅲ. ①国有企业—混合所有制—企业改革—研
究—中国　Ⅳ. ①F279. 241

中国版本图书馆 CIP 数据核字（2019）第 008109 号

资本联姻：混合所有制改革与员工持股全解析
Ziben Lianyin：Hunhe Suoyouzhi Gaige yu Yuangong Chigu quan Jiexi
出版
发行　**中国金融出版社**

社址　北京市丰台区益泽路 2 号
市场开发部　（010）63266347，63805472，63439533（传真）
网 上 书 店　http：//www. chinafph. com
　　　　　　　（010）63286832，63365686（传真）
读者服务部　（010）66070833，62568380
邮编　100071
经销　新华书店
印刷　北京市松源印刷有限公司
尺寸　169 毫米 × 239 毫米
印张　11. 75
字数　171 千
版次　2019 年 2 月第 1 版
印次　2019 年 2 月第 1 次印刷
定价　42. 00 元
ISBN 978 - 7 - 5049 - 9940 - 5
如出现印装错误本社负责调换　联系电话(010)63263947

序　一

　　2013年11月，党的十八届三中全会通过的《中共中央关于全面深化改革若干重大问题的决定》明确提出，积极发展混合所有制经济，是新形势下坚持公有制为主体地位，增强国有经济活力、控制力、影响力的一个必要途径和必然选择。混合所有制改革成为新一轮国有企业改革的一大亮点。

　　中粮集团作为首批国有资本投资公司试点企业，紧紧围绕确保国有资产保值增值这一核心任务，积极引入各类投资者实现股权多元化，大胆探索混合所有制改革，不断推动下属企业进行体制机制创新。目前，中粮集团下属18家专业化公司中，已经有14家通过实行股份制改革、上市等途径完成了混合所有制改革。从实践来看，中粮集团混合所有制改革探索取得了一定成绩，初步实现了增强国有资本控制力、影响力并放大国有资本的目标。在中粮集团混合所有制改革的基层一线，也形成一批可复制、可推广的做法。

　　中粮集团下属中国茶叶总法律顾问、董事会秘书张小凤新著的《资本联姻：混合所有制改革与员工持股全解析》一书，从国有企业混合所有制改革的政策依据到引进外部投资者，从员工持股到国有产权交易，从交易条款的设计到完善现代公司治理机制等，全面梳理了国有企业混合所有制改革的重点内容和关键流程，对其中涉及的难点问题给出了可行的解决方案，可以说是一本国有企业混合所有制改革与员工持股的操作指南。

　　本书尤其难能可贵的两点：

第一，本书不是一本枯燥的法规流程图，而是一套融入企业战略、重组、融资等商业活动并以实现商业目的为目标的合规解决方案。

第二，本书每一个混合所有制改革和员工持股步骤都凝聚了作者在实际操作中的深度思考和创新精神，如非亲力亲为，很难取得如此真切的体会和见的。

本书作者曾在高校从事法学教学和科研工作，又在国有企业从事法律实务工作多年，其扎实的理论功底、丰富的实务经验及对企业运营管理的深入了解，使得本书对国有企业混合所有制改革与员工持股工作具有很高的参考价值。

很高兴看到中粮集团法律工作者为推动国有企业改革作出的有益探索，也很高兴看到本书的出版，是为序！

中粮集团有限公司总裁
于旭波
2018 年 12 月

序 二

　　2018 年是我国改革开放四十周年。回望四十年风雨历程，我国经历了从单一公有制经济关系到公有制为主体、多种所有制共同发展的历史转变。在此过程中，混合所有制作为改革开放的重大制度创新，在理论上不断丰富和完善、在实践中不断磨砺和探索，成为激发经济体制活力、带动国有企业提质增效的一条重要路径。尤其是"十三五"以来，"积极稳妥发展混合所有制经济、开展混合所有制改革试点示范"，被提升到更加紧迫的高度。党和国家密集出台了一系列改革指导性方针和思路，坚持"完善治理、强化激励、突出主业、提高效率"，推动国有企业改革迈出实质性步伐。在国有企业混合所有制改革背景下，"强化激励"是应有之义。员工持股作为一种典型的改革途径，同样经历了长期的理论思考和实践探索，随着改革的深入，员工与国家、企业之间的关系得到进一步理顺，资本所有与劳动者利益之间的利益共同体关系得到进一步确认。

　　站在这一具有里程碑意义的历史节点，我想，为了回顾好过去走过的路，同时走好未来的路，都应该有一些理论和实践层面的总结。本书作者张小凤女士，曾于兰州文理学院任教，后"投笔从戎"，成为一名奋战在国有企业改革第一线的资深法律工作者，荣获了国务院国资委、中粮集团颁发的众多荣誉，并在经济法、国有企业治理等领域著述颇多。作者秉持"弄潮儿向涛头立"的奋进探索精神，勇于和善于总结长期以来国有企业混合所有制改革的理论和实践，对于国有企业混合所有制改革与员工持股过程中遇到的难题和解决方案赋予了深刻的思索和细致的研究。这种精神让我十分感动，同时也非常感激。本书基于相关理论和实务的经验积累和总结，对为国有企业混合所有制改革提供法律服务的律师队伍也是一部具有指导性意义的著作。

通读全书，我认为本书有"三新"和"二奇"令人赞叹。

所谓"三新"，一是内容新，本书是对当前国有企业混合所有制改革和员工持股政策与实践的最新总结，紧扣时代脉搏，去其糟粕、取其精华，具有推陈出新的理论意义；二是角度新，本书基于"反求诸己"的内向反求思维，从国有企业自身角度审视混合所有制改革的内在需求、内在逻辑及其理论依据，以丰富翔实的笔触探究了混合所有制改革和员工持股在方案设计、尽职调查、审计评估、产权交易、治理机制完善等各环节实践中的现实问题和解决思路，为相关领域的研究提供了一个新的角度；三是问题新，本书直面实践中遇到的员工持股模式及税收政策、混合所有制改革交易文件的特殊性条款等最新问题，提供了"指导手册"型的操作方案建议，具有经验推广的现实价值。

所谓"二奇"，一是立意奇，国有企业混合所有制改革和员工持股的理论和实践始终处于探索之中，基于地域、行业、监管序列等情况的特殊性，长期以来难以形成具备普遍指导性意义的实践，成为困扰国有企业改革的难题，本书的写作立意萌生于作者遍寻网上书店而难以找到相关领域参考书籍的境况，希求总结出改革实践中共性的、具有普适价值的理念和经验以裨补阙漏；二是细节奇，本书并非从宏观领域天马行空地论述理论框架，而力求在理论基础上探讨改革实践中最具体的问题，对于改革方案设计、交易流程、交易文件等细节探讨鞭辟入里，若非在相关领域具备深厚的理论造诣、丰富的实践经验、勤奋的研究思索而绝不可得。

本书来自作者在国有企业改革一线中的思索与实践，凝聚多年心血，是智慧的结晶。本书对当前缺乏论著的国有企业混合所有制改革及员工持股领域的理论和实践大有裨益，相信必能"藏诸名山，传之其人"，为未来实践提供新的指导。

中华全国律师协会副会长

张学兵

2018 年 12 月

目 录

第一章 资本联姻：混合所有制释义

第一节 混合所有制的基本界定

一、混合所有制的概念

1997 年 9 月，混合所有制在党的十五大报告中第一次被提上日程，理论界普遍认为混合所有制主要包括宏观和微观两个层面：在宏观层面，是指在毫不动摇地坚持公有制主体地位的同时，毫不动摇地鼓励、支持和引导非公有制经济发展，积极促进公有制和私有制这两种制度并存，共同促进社会主义初级阶段生产力的提高；在微观层面，则是指在企业层面，以产权制度改革为核心、引进社会资本（国有资本与非公有资本、集体资本交叉持股、相互融合），在来自不同所有制形式的资本的融合、联姻基础上，建立完善的现代企业制度，转变国有企业体制与经营方式，使国有企业成为真正的市场主体，从而提高国有企业的市场竞争力及国有资本的配置和运营效率。

狭义的混合所有制改革指单一国有股东全资持股的国有企业，通过引入非公有资本，包括民营资本、外资等，实现投资主体的多元化、公司治理机制的完善、经营机制的转变和资本配置效率的提升等目标；广义的混合所有制改革，还包括通过股份制改造和 IPO（首次公开发行并上市）等方式引入非公有资本，实现上述目标。

混合所有制的主要目的：在宏观战略上，它是完善和发展中国特色社会主义制度、实现中华民族伟大复兴中国梦的新经济形态；在战略执行层面，它可以让国有资本放大调节功能并促进国有资本配置效率；在微观层面，它有助于促进联姻各方各种所有制形式取长补短、共同发展，提升企业发展质量和效率，从而提高产业竞争力。

二、混合所有制改革的政策演进

20多年来，混合所有制在党的国有企业改革理论与实践中不断深化和创新，混合所有制不是一个新事物，只是在不同历史时期被赋予了新的目标和作用以及改革路径。

1993年11月，党的十四届三中全会提出"随着产权的流动和重组，财产混合所有的经济单位越来越多，将会形成新的财产所有结构"，提出了"财产混合所有的经济单位"，这应当是混合所有制思想的雏形。

1997年9月，党的十五大报告首次正式提出要全面认识公有制经济的含义，"公有制经济不仅包括国有经济和集体经济，还包括混合所有制经济中的国有成分和集体成分"。

1999年9月，党的十五届四中全会提出，"国有大中型企业尤其是优势企业，宜于实行股份制的，要通过规范上市、中外合资和企业相互参股等形式，改为股份制企业，发展混合所有制经济"，要求优势企业、国有企业推行股份制，发展混合所有制经济。

2002年11月，党的十六大报告提出"坚持和完善公有制为主体、多种所有制经济共同发展的基本经济制度，毫不动摇地巩固和发展公有制经济，毫不动摇地鼓励、支持、引导非公有制经济发展，坚持平等保护物权，形成各种所有制经济平等竞争、相互促进新格局"，同时明确提出要"以现代产权制度为基础，发展混合所有制经济"。

2003年10月，党的十六届三中全会提出"要大力发展国有资本、集体资本和非公有资本等参股的混合所有制经济，实现投资主体多元化，使股份制成为公有制的主要实现形式"，明确将混合所有的股份制作为公有制的主要实现形式。

2007年10月，党的十七大报告再次提出"以现代产权制度为基础，发展混合所有制经济"。

2012年11月，党的十八大报告提出中国特色社会主义制度要建立"公有制为主体、多种所有制经济共同发展的基本经济制度"。

2013 年 11 月，党的十八届三中全会通过的《中共中央关于全面深化改革若干重大问题的决定》（以下简称《决定》）将混合所有制经济提至基本经济制度的高度，提出积极发展混合所有制经济，是新形势下坚持公有制为主体地位，增强国有经济活力、控制力、影响力的一个必要途径和必然选择。《决定》也明确指出"允许混合所有制经济实行企业员工持股，形成资本所有者和劳动者利益共同体"。

2014 年 3 月，《政府工作报告》进一步提出："增强各类所有制经济活力。坚持和完善基本经济制度。优化国有经济布局和结构，加快发展混合所有制经济，建立健全现代企业制度和公司法人治理结构。"报告强调要"加快发展混合所有制经济"。

2014 年 7 月，国务院国资委在中央企业启动了"四项改革"试点，其中之一就是混合所有制改革试点，包括六个方面的探索：（1）探索建立混合所有制企业有效制衡、平等保护的治理结构；（2）探索职业经理人制度和市场化劳动用工制度；（3）探索市场化激励和约束机制；（4）探索混合所有制企业员工持股；（5）探索对混合所有制企业的有效监管机制；（6）探索混合所有制企业党建工作的有效机制。

2015 年 8 月，中共中央、国务院印发的《关于深化国有企业改革的指导意见》（中发〔2015〕22 号，以下简称 22 号文）是新时期指导和推进国企改革的纲领性文件。22 号文提出了国有企业改革的总体目标和具体举措，也继续提出要"探索实行混合所有制企业员工持股"。

22 号文确立了国有企业进一步深化改革的政策导向，涉及六个方面的举措：（1）完善现代企业制度；（2）完善国有资产管理体制；（3）发展混合所有制经济； （4）强化监督，防止国有资产流失；（5）加强和改进党对国有企业的领导；（6）为国有企业改革创造良好环境条件。其中专门论述了发展混合所有制经济包括的四个方面内容：（1）推进国有企业混合所有制改革。（2）引入非国有资本参与国有企业改革。（3）鼓励国有资本以多种方式入股非国有企业。（4）探索实行混合所有制企业员工持股。可见，鼓励国有资本以多种方式入股非国有企业，也是国有企业混合所有制改革的重要途径之一。

2015 年 9 月，国务院又印发了《关于国有企业发展混合所有制经济的意见》（国发〔2015〕54 号），对分类推进国有企业混合所有制改革、分层推进国有企业混合所有制改革、鼓励各类资本参与国有企业混合所有制改革、建立健全混合所有制企业治理机制、建立依法合规的操作规则、营造国有企业混合所有制改革的良好环境、组织实施等作出了全面部署。

2016 年 8 月 2 日，国务院国资委、财政部、中国证监会联合下发《关于印发〈关于国有控股混合所有制企业开展员工持股试点的意见〉的通知》（国资发改革〔2016〕133 号，以下简称 133 号文）就国有控股混合所有制企业开展员工持股试点提出了明确的指导性意见。2015年 22 号文和 2016 年 133 号文也是国有企业混合所有制改革和员工持股的最新政策依据。

2016 年 12 月，中央经济工作会议明确提出混合所有制改革是国企改革的重要突破口，并提出混合所有制改革的十六字方针——"完善治理、强化激励、突出主业、提高效率"，明确了混合所有制改革的目标。

2016 年末的中央经济工作会议成为国企混合所有制改革提速的"催化剂"，各省（自治区、直辖市）政府大力推动国企改革，国企混合所有制改革细则密集出台，多地进入试点企业遴选、实施期，国企混合所有制改革工作全面铺开。例如，广东省在 2014 年 2 月召开的广东国资国企改革发展工作会议上提出，到 2020 年，混合所有制企业户数比重要超过 80%，二级及以下竞争性国有企业基本成为混合所有制企业。

2017 年 10 月，党的十九大报告提出"深化国有企业改革，发展混合所有制经济，培育具有全球竞争力的世界一流企业"，将混合所有制经济与国有企业改革结合在一起。

2017 年，国有企业混合所有制改革的突破口进一步扩大。国务院国资委提出了推进混合所有制改革的三个维度目标：数量上要扩大，层级上要提升，拓展上要更有深度；同时，要求混合所有制改革既要保证国有资产的保值增值、防止流失，也要保证改革各参与主体能够得到期望的符合市场要求的回报。

2018 年 10 月 9 日，全国国有企业改革座谈会召开，中共中央政治局委员、国务院副总理、国务院国有企业改革领导小组组长刘鹤出席会议并讲话。会议要求，要深入贯彻落实习近平总书记关于国有企业改革的重要思想，准确研判国有企业改革发展的国内外环境新变化，坚持稳中求进的工作总基调，坚持"完善治理、强化激励、突出主业、提高效率"十六字方针，以"伤其十指不如断其一指"的思路，扎实推进国有企业改革，大胆务实向前走。会议提出了国有企业改革的六项任务，其中第一项是突出抓好中国特色现代国有企业制度建设。要有效划分企业各治理主体权责边界，充分发挥党委（党组）的领导核心作用，切实落实和维护董事会依法行使重大决策、选人用人、薪酬分配等权力，保障经理层经营自主权，加快形成有效制衡的法人治理结构。第二项是突出抓好混合所有制改革。要切实转换企业经营机制，增强企业内部约束和激励，保护各类所有制产权的合法权益，科学进行资产定价。要通过发展混合所有制经济，提高国有资本配置效率，同时大力支持和带动非公有制经济发展，实现各种所有制资本取长补短、相互促进、共同发展。

混合所有制改革排在第二项重要行动，且明确"通过发展混合所有制经济，提高国有资本配置效率"。其实第一项突出抓好中国特色现代国有企业制度建设，加快形成有效制衡的法人治理结构，也是混合所有制改革的重要工作内容。

2018 年 12 月，中央经济工作会议再次提出"要加快国资国企改革，坚持政企分开、政资分开和公平竞争原则，做强做优做大国有资本，加快实现从管企业向管资本转变，改组成立一批国有资本投资公司，组建一批国有资本运营公司，积极推进混合所有制改革"。可见，党中央以更大力度、更深层次有序推进国有企业混合所有制改革的决心。

上述党中央和政府关于各项混合所有制改革的主要政策演进历程，说明我党对所有制和基本经济制度的认识不断深化，也说明国有企业混合所有制改革已迈出实质性步伐。与此同时，上海、北京、广东等地也制定了各地方关于混合所有制改革的指导原则和具体措施，为各地因地制宜地推动混合所有制改革落地提供了政策支持和法规依据。

第二节 混合所有制改革的基本原则

根据 2015 年 22 号文的明确规定，国有企业混合所有制改革应当遵循以下五项原则。

一是坚持和完善基本经济制度。这是深化国有企业改革必须把握的根本要求。必须毫不动摇地巩固和发展公有制经济，毫不动摇地鼓励、支持、引导非公有制经济发展。坚持公有制主体地位，发挥国有经济主导作用，积极促进国有资本、集体资本、非公有资本等交叉持股、相互融合，推动各种所有制资本取长补短、相互促进、共同发展。

二是坚持社会主义市场经济改革方向。这是深化国有企业改革必须遵循的基本规律。国有企业改革要遵循市场经济规律和企业发展规律，坚持政企分开、政资分开、所有权与经营权分离，坚持权利、义务、责任相统一，坚持激励机制和约束机制相结合，促使国有企业真正成为依法自主经营、自负盈亏、自担风险、自我约束、自我发展的独立市场主体。社会主义市场经济条件下的国有企业，要成为自觉履行社会责任的表率。

三是坚持增强活力和强化监管相结合。这是深化国有企业改革必须把握的重要关系。增强活力是搞好国有企业的本质要求，加强监管是搞好国有企业的重要保障，要切实做到两者的有机统一。继续推进简政放权，依法落实企业法人财产权和经营自主权，进一步激发企业活力、创造力和市场竞争力。进一步完善国有企业监管制度，切实防止国有资产流失，确保国有资产保值增值。

四是坚持党对国有企业的领导。这是深化国有企业改革必须坚守的政治方向、政治原则。要贯彻全面从严治党方针，充分发挥企业党组织政治核心和领导核心作用，加强企业领导班子建设，创新基层党建工作，深入开展党风廉政建设，坚持全心全意依靠工人阶级，维护职工合法权益，为国有企业改革发展提供坚强有力的政治保证、组织保证和人才支撑。

五是坚持积极稳妥统筹推进。这是深化国有企业改革必须采用的科学方法。要正确处理推进改革和坚持法治的关系，正确处理改革发展稳定关系，正确处理搞好顶层设计和尊重基层首创精神的关系，突出问题导向，坚持分类推进，把握好改革的次序、节奏、力度，确保改革扎实推进、务求实效。尤其大部分中央企业所涉及的领域都关系国家安全或国计民生，且这些中央企业在行业内都处于垄断地位，因此中央企业的混合所有制改革虽然已开始试点，但还是以稳妥为基调。

第三节 混合所有制改革的关键问题

"完善治理、强化激励、突出主业、提高效率"是混合所有制改革的基本方针。结合近年混合所有制改革工作的实践经验，笔者认为，混合所有制改革操作中应当重点关注以下五个关键问题。

一、完善公司治理机制

公司治理一般是由股东（大）会、董事会、监事会、经营层四部分组成的组织机制，一方面是股东通过董事会、监事会对企业绩效和公司运营进行监督和控制的一整套制度安排，另一方面是通过"三会一层"的制衡关系促进公司科学决策。国有企业需要建立真正的制衡和监督机制，社会资本的所有者和员工持股代表参与股东会、董事会决策，有利于客观、公开、充分地讨论问题，提升国有企业的决策水平和发展活力。

"一家国有企业要成为名副其实的混合所有制企业，关键在于建立完善的法人治理结构，形成现代企业制度。投资主体多元化只是最初的一步，这一步必须跨出，但这与建立完善的法人治理结构并不是一回事……"① 因此，混合所有制改革绝不能仅停留在股权多元化层面，简单机械地认为只要引进了外部投资者，产权混合所有了，混合所有制改革就完成了。"混"只是手段，要达到真正"改"的目的，主要在于完善公司治理、建立现代企业制度，完善国有企业现代治理机制是混合所

---

① 厉以宁，程志强. 中国道路与混合所有制经济［M］. 北京：商务印书馆，2014：ix.

有制改革的实质所在。

二、提升效率

混合所有制改革要解放思想、进一步贯彻落实简政放权，混合所有制改革目标企业（以下简称目标企业）的控制股东或上级管理机构在混合所有制改革中要坚决贯彻国务院下放企业经营管理权的要求，不该管的要依法放权、决不越位，将依法应由企业自主经营决策的事项归位于企业，包括投资决策权、人事任免权、薪酬考核权等，精简监管事项，增强企业活力，提高监管效能，促进目标企业建立自主经营、自负盈亏的独立的市场化运作的真正的市场主体。

另外，在简政放权的同时，目标企业自身也要通过流程再造、信息化技术支持等提升措施来优化内部管理，减少管理闸口和审批层级，解决多头审批、责权不清、互相推诿、审批量大等问题，明晰责任并科学设置授权体系，从而缩短审批时间和周期，将进一步简政放权流程化、制度化，建立以业务为中心、能够快速适应市场和业务需求的管理体系，进而提升效率并进一步释放目标企业经营活力。

三、建立市场化用人机制和激励机制

后工业时期和知识经济时代，人力资源是一切资源中最主要的资源，人力资本比物质资本、货币资本具有更大的决定性的价值创造作用。目标企业能否取得混合所有制改革的成功，关键在于能否创造新的机制，能否促进人的生产力的充分发挥，因此，混合所有制改革要在选人、用人、激励人、约束人上狠下功夫。

一是建立公道、正派的用人作风和氛围。

二是抛弃稳定文化和熟人文化，打破国有企业行政级别，建立能上能下、能出能进、能高能低的市场化用人机制。

三是推行市场化选聘、契约化管理的职业经理人制度，由市场化选聘的职业经理人在混合所有制改革企业中承担目标公司财产的保值增值责任，全面负责企业经营管理，同时给予其市场化的薪酬结构和水平，并以市场化的经营业绩为标准进行考核，从而激励管理层形成巨大的内在驱动力，也增强管理层、社会公众以及投资者的信心。市场化的实质就是去行政化，职业经理人制度让干部任免不是取决于政府和上级，而是取决于经营业绩和多元化的董事会。

四是针对国有企业管理人员普遍年龄结构老化，市场营销、资本运作、电子商务等市场化专业人才缺乏的现象，目标企业要打开"天窗"进行市场化、国际化选聘，建立结构合理、高素质、专业化、内外结合的管理团队，把企业交给专业化人才去市场化运营。

五是混合所有制改革要抛弃平均主义文化，以效益和效率为导向，在企业内部逐层、普遍、系统地建立市场化的激励机制；进行员工持股试点的企业，要抓住机会，要科学、合理设计员工持股方案，将核心员工利益与企业利益捆绑，通过利益绑定实现共享收益、共担风险、公平有效的长期激励约束机制，并且通过科技企业员工持股、上市公司员工持股等多种方式探索员工持股可能性。

四、建立市场化企业文化

混合所有制改革的最终成果是市场化企业文化的建立。国有企业往往带有官场文化的痕迹，民营企业往往带有"老大"文化的痕迹，引入境外战略投资者还将面临不同国家企业文化的挑战，混合所有制改革后各方自己的文化基因要以市场化为目标、以经营业绩为导向，进行融合、改造、优化和整合。目标企业要进行治理结构、战略管理、资本运作、制度流程再造等管理创新；进行研发和技术创新；进行品牌、渠道等营销模式的创新；进行劳动、人事、分配三项制度改革；实行股权激励，进行绩效考核等制度创新等。通过这些创新，彻底转换企业文化，实现混合所有制改革的真正目的。

五、探索混合所有制改革向纵深推进的新方式

国有企业在品牌、资源、政策方面有优势，民营企业机制灵活、效率比较高，在市场开拓方面往往也具有优势，国有企业混合所有制改革不能仅仅停留在目标企业本身所有制层面。目标企业在完成混合所有制改革后，应当将改革向纵深推进，选择有上下游产业链关系的民营企

业进行行业整合，继续探索民营资本注入国有企业的新方式，充分发挥各类资本的放大功能。例如，中国建材取得跨越式发展的主要经验之一就是和民营企业合作，走出一条包容性成长的混合所有制道路，多数民营企业的负责人继续担任新企业的管理者，国有资本得以保全和升值，民营资本的活力机制继续发挥作用，真正实现了各种所有制资本取长补短、相互促进、共同发展。

第四节　混合所有制改革十步骤

混合所有制改革是一项复杂的系统工程，涉及业务、资产、人员、组织结构等企业经营管理的多个方面，涉及国有大股东、外部投资者、高级管理人员、员工、金融债权等各方利益主体，科学的改制方案和专业、高效的项目管理有助于提升混合所有制改革的效率和实效。按照操作的先后顺序，混合所有制改革与员工持股工作主要包括以下十个关键步骤。

一、尽职调查

"知己知彼，百战不殆。"尽职调查是中介机构出具法律意见、进行财务审计和资产评估的基础，也是目标企业制定引进外部投资者和员工持股方案的基础，还是外部投资者审慎洞察目标企业、进行投资决策的基础，因此，尽职调查是混合所有制改革与员工持股项目必不可少的基础性工作。

二、业务和资产重组

为了突出主业、优化资产结构，目标企业往往需要在尽职调查的基础上进行业务、资产重组，重组应当注意税务成本、法律可行性，拟筹备上市的目标企业还要提前关注与控制股东的同业竞争、资产的重大瑕疵及业务的完整性、独立性等问题。

三、财务审计和资产评估

根据《企业国有资产交易监督管理办法》（国务院国资委、财政部令第 32 号，以下简称 32 号令）、《企业国有资产评估管理暂行办法》（国务院国资委令第 12 号，以下简称 12 号令）规定，目标企业增资、引进社会资本时，应当对目标企业进行财务审计和资产评估。根据 2016 年 133 号文，在引入外部投资者和员工入股前，也应对目标企业进行财务审计和资产评估。因此，目标企业国有控制股东应当委托具有相应资质的中介机构开展财务审计和资产评估，并按照相关规定履行资产评估报告核准或备案程序。

四、制定改制方案

改制方案一般包括混合所有制改革方案和员工持股方案。混合所有制改革方案的主要内容包括：改制的目的及必要性，改制后企业的资产、业务、股权设置和产品开发、技术改造等；改制的具体形式；引入社会资本的投资者的投资主体全称、增资后投资者持股比例及投资者增资入股价格；改制后形成的法人治理结构；企业的债权、债务落实情况；职工安置方案；改制的操作程序，财务审计、资产评估等中介机构和产权交易市场的选择等。

根据 133 号文，员工持股方案一般应当包括持股员工条件、持股比例、入股价格、出资方式、持股方式、股权分红、股权管理、股权流转及员工岗位变动调整股权等。

五、改制方案审批与备案

改制方案应当通过职工代表大会等形式充分听取本企业职工对方案的意见，并由董事会提交股东（大）会进行审议。方案经股东（大）会审议通过后，目标企业国有控制股东上报履行出资人职责的机构备案。

改制方案上报审批及备案需要注意以下两个问题。

1. 根据《国务院办公厅转发国资委关于进一步规范国有企业改制工作实施意见的通知》（国办发〔2005〕60号）和国务院国资委《关于中央企业所属10户子企业开展员工持股试点的通知》（国资发改革〔2016〕293号，以下简称293号文），方案需要律师事务所专门出具法律意见书。

2. 根据133号文及293号文，涉及员工持股的改制方案上报国资委备案的文件还应当包括：

（1）员工持股方案；

（2）目标公司员工意见征求情况及相关说明；

（3）目标公司上一年度审计报告；

（4）目标公司资产评估报告及备案表；

（5）专业机构对员工持股方案出具的法律意见书。

六、产权交易所交易

产权交易的过程也是征集、引进外部投资者的过程，目标企业应当通过产权交易市场、媒体或网络等广泛公开宣传企业改制有关情况、投资者条件等信息，吸引、招集投资者。根据32号令规定，社会资本作为新股东，其无论是对目标企业的增资还是收购部分股权均需要在依法设立的产权交易所公开、公平、公正进行，因此，进场交易是通过市场化竞争对外部投资者和交易价格的双重市场发现。实践中，第三、第四、第五步往往同时进行、相互配合、协调推进。

七、签署交易文件

履行进场交易程序后，根据交易所的进场交易规则，需要签署产权交易文件，也就是外部投资者、持股员工（或员工持股平台）与目标企业及原股东签署增资协议或收购协议，对增资或收购进行安排，包括对增资或收购后股权结构、增资收购价格、相关商业条款、公司治理机制等予以约定。协议约定需要履行批准生效条件的，需要履行上级国有资产监管部门或商务部门审批程序后，增资协议或并购协议才能生效。

八、召开股东（大）会

召开股东（大）会主要是审议通过新的公司章程，并成立新的董事会等公司治理机构，尤其是建立股权多元化前提下董事会成员多元化的董事会，并制定《董事会议事规则》《监事会议事规则》《总经理办公会议事规则》等各项治理规则，是保证目标企业完善公司治理机制的主要内容。

九、商务审批和产权、工商登记

根据《关于外国投资者并购境内企业的规定》（商务部令 2009 年第 6 号），如果社会资本以境外注册的公司/合伙企业作为投资主体，增资、收购目标企业的，目标企业将由内资企业变更为中外合资企业，应当适用《关于外国投资者并购境内企业的规定》，履行商务主管部门批准程序。

根据《国家出资企业产权登记管理暂行办法》（国务院国资委令第 29 号）及国务院国资委《关于印发〈国家出资企业产权登记管理工作指引〉的通知》（国资发产权〔2012〕104 号），目标企业国有股权发生变化后，应当办理国有产权变更登记手续。

目标企业经商务主管部门批复并履行国有产权变更登记程序后，应当到企业工商注册登记所在工商局办理工商变更登记和备案程序。

十、转变运营机制

目标企业引进了非公有资本、完成了工商登记等，只是完成了产权结构和法律程序上的混合所有制改革。混合所有制的核心是转变目标企业运营机制，包括通过大胆放权，落实董事会的经理层选聘权、业绩考核权和职工工资分配管理权等经营自主权，促进混合所有制改革目标企业活力和竞争力的提升，因此，目标企业在完成混合所有制改革项目后，只是完成了"混"的阶段，真正的"改"的任务也即转变经营机制的阶段才刚刚踏上征程。

第二章 引进最匹配的联姻对象：外部投资者

第一节 谁是最匹配的联姻对象

一、外部投资者的类型

外部投资者大体可分为战略投资者、财务投资者和一般投资者三种。

战略投资者是指以谋求长期战略利益为目的，持股量较大且拟长期持有目标企业股权，并拥有促进目标企业业务发展和价值提升实力的投资者。战略投资者往往从事相同、相近、相关联产业，能够形成资源互补和放大效应，且具有与目标企业共同、长远合作的战略目标，因此一般能够长期稳定持股、具有参与企业运营管理的愿望和能力。产业投资者一般都作为战略投资者出现，部分基金和投资银行类投资者也会从长远战略合作利益的角度，长期持有目标企业股权并通过自身资源支持和参与公司治理以提升目标企业价值从而从中获益。

财务投资者一般投资决策比较快，会积极推动目标企业上市，因此对目标企业上市有一定的支持。但财务投资者一般寻求中短期回报，往往会中短期套现，投资期限一般在 3~5 年，实践中强烈渴望目标企业尽快上市，会导致目标企业面临短期上市和长远发展目标不一致的难题。另外，长期进行财务投资的专业投资者比较关注赢得测算、财务模型、内部决策程序复杂、投资决策控制严格，会给目标企业投资决策带来更多的沟通成本。

一般投资者一般不强烈要求参加公司治理，投资规模小，投资决策快速。

二、外部投资者匹配条件

笔者认为，混合所有制改革的重中之重、成败的关键是引进匹配、适格的外部投资者。道理非常简单，如果联姻的对象找错了，一切生产经营活动，无论完善治理、强化激励，还是突出主业、提高效率等，均将成为镜花水月，或必将经历一个痛苦的短暂磨合后黯然分手。

匹配、适格的外部投资者需要同时满足两个条件：志同道合和互利共赢。一方面，资本联姻的实质是纯商业性的共同投资的资本的增值，仅仅志同道合，无法建立共同的商业基础和目标，不是适格的外部投资者；另一方面，仅仅在短期内互利共赢，不能志同道合地达成产业布局和行业整合等共同目标的外部投资者也不是匹配、适格的联姻对象，因为国有企业混合所有制改革的最终目标是要立足全局、提升行业竞争力，囿于短期上市目标的财务投资者会掣肘目标企业难以在短期内实现投资收益的基础性投资项目。

目标企业在引进外部投资者时，尤其要注意两个方面：

一是不要只为了获取资金。如果目标企业从外部投资者处仅仅只是获取了资金，那么外部投资者的引进只成功了不到一半。知名的外部投资者，无论是战略投资者还是财务投资者，都将给目标企业带来"背书效应"，提升目标企业的信誉。也就是说，目标企业应当找能带来增值的资金。

二是根据实际需要引进。目标企业在引进外部投资者时，一定要先分析、研究自己缺乏什么、需要什么，要结合企业实际需求，科学匹配外部投资者类型。优先引进战略投资者，有利于实现原料、产品、营销等上下游的协同，整合协同效益、聚集长远发展，重塑产业链条和产业布局，进而提升企业可持续发展能力，并带动整个行业的产品进步和运营效率提升。优先引进财务投资者，则有利于利用财务投资者的投资行业经验促进目标企业提升投资决策水平和资本市场运作水平，包括促进目标企业尽快上市。总之，目标企业应当根据企业自身需要、行业特点等选择志同道合、互利共赢的外部投资者。例如，中石化牵手腾讯，不只是一种简单的资本对接和分红，资本对接带来的不只是投资回报，更是一种线上线下的互联网思维转变；南昌有色冶金设计研究院在混合所有制改革选择外部投资者时，结合自身实际情况和需求，把外部投资者自身规模、实力等资质和外部投资者对目标企业的文化认可，尤其是外部投资者承诺提供具体市场开发项目为目标企业发展做支撑等，均作为选择外部投资者的标准。①

上海市相关实施混合所有制改革操作办法相关规定也明确提出了选择合适战略投资者的基本条件，包括：（1）依法诚信经营，具有良好的市场声誉；（2）具有产业链或价值链关联，能与企业形成协同效应；（3）契合企业发展需要，能在资源、技术、管理、市场、资金等方面帮助企业突破发展瓶颈，形成发展机遇；（4）兼顾其他因素，如企业文化理念相近、认同企业发展战略、行业地位优势明显等。

第二节　收购还是增资

22 号文明确规定，对适宜继续推进混合所有制改革的国有企业鼓励非国有资本投资主体通过出资入股、收购股权、认购可转债、股权置换等多种方式，参与国有企业改制重组或国有控股上市公司增资扩股以及企业经营管理；同时，鼓励国有企业通过投资入股、联合投资、重组等多种方式，与非国有企业进行股权融合、战略合作、资源整合。因此，股权收购、增资扩股、政府和社会资本合作（Public – Private Partnership，PPP）、股权置换等都是混合所有制改革引进外部投资者可采取的方式。实践中，根据项目需要和各方投资者的意愿，多种方式也可以在同一混合所有制改革项目中组合使用。

一、股权收购

依据 2016 年 32 号令，通过收购股权方式，转让的国有股权需要在产权交易所挂牌。涉及外资收购的需要遵守外资并购、外商投资相关规定并履行相关商务部门、外汇管理部门审批备案，且外资入股导致目标

---

① 厉以宁，程志强. 中国道路与混合所有制经济［M］. 北京：商务印书馆，2014：263.

企业转变为外商投资企业，日常管理中增加商务部门审批备案等各类程序，所以引进外部投资者应当尽量避免实质境内投资主体通过其境外关联主体出资收购，增加不必要的管理成本。

二、增资扩股

通过增资扩股方式参与国有企业混合所有制改革，也是引进外部投资者的基本方式之一。根据 2016 年 32 号令，企业增资扩股也需要在产权交易机构公开挂牌交易，但相对股权收购方式，增资扩股有利于增加目标企业的现金流，优化目标企业的资产结构。

三、PPP 模式

2014 年 12 月国家发展改革委《关于开展政府和社会资本合作的指导意见》（发改投资〔2014〕2724 号）明确规定 PPP 模式"有利于推动各类资本相互融合、优势互补，促进投资主体多元化，发展混合所有制经济"。

PPP 模式主要适用于政府负有提供责任又适宜市场化运作的公共服务、基础设施类项目。燃气、供电、供水、供热、污水及垃圾处理等市政设施，公路、铁路、机场、城市轨道交通等交通设施，医疗、旅游、教育培训、健康养老等公共服务项目，以及水利、资源环境和生态保护等项目均可推行 PPP 模式。

第三节　外部投资者磋商的主要痛点

一、平等保护各方联姻者合法权益

混合所有制改革没有"嫁""娶"之分。在混合所有制改革的现实中，国有企业往往垄断了一些重要资源，而且国有控制股东混合所有制改革要遵循审慎、渐进原则等，因此，国有控股股东一般不愿意放弃对目标企业的控制权，外部投资者大多数情况下都以小股东身份参与国有企业混合所有制改革。但是，"改革首要的就是要解放思想。此央企已非彼央企，此民企也已非彼民企。两者放下成见才能拾起信任，才能真正实现相互尊重、相互包容、相互学习、相互融合。"① 为了促进国有资本和非公有资本真正地融合共生，提升民营资本入股国有企业的信心，真正实现"国民共进"的目标，国有企业引进外部投资者时，应当通过董事会选举的累积投票制、小股东知情权、信息权等的设计，平等保护各方外部投资者利益。混合所有制改革后的目标企业主要是一个国有资本和非公有资本融合共生的平台，该平台的实质就是实现国有资本、非公有资本等各方联姻者的深度融合和商业利益的共同持续健康增长。

二、控制权问题

2015 年 22 号文明确指出：主业处于充分竞争行业和领域的商业类国有企业，原则上都要实行股份制改革，积极引入其他国有资本或各类非国有资本实现股权多元化，国有资本可以绝对控股、相对控股，也可以参股，并着力推进整体上市。对这些国有企业，重点考核经营业绩指标、国有资产保值增值和市场竞争能力。但同时明确要求：主业处于关系国家安全、国民经济命脉的重要行业和关键领域、主要承担重大专项任务的商业类国有企业，要保持国有资本控股地位，支持非国有资本参股。

2016 年 133 号文明确要求，混合所有制改革后的企业实施员工持股后，应保证国有股股东控股地位，且其持股比例不得低于公司总股本的 34%。

因此，目标企业控股股东针对混合所有制改革中国有股股东控制权问题，应当严格依据相关法律法规和国有企业改革的政策，确保主业处于关系国家安全、国民经济命脉的重要行业和关键领域、主要承担重大专项任务的商业类国有企业，包括一些具有一定竞争优势和市场潜力的国有企业，在引进外部投资者时必须确保国有控股并防止未来控

---

① 晓甘．国民共进：宋志平谈混合所有制［M］．北京：企业管理出版社，2014：34.

制权旁落，尤其是上市公司和拟上市公司，因为外部投资者即使在混合所有制改制时不具有控股地位，但上市后通过二级市场收购很容易达到控制目的。

实践中可以采取以下措施：

1. 在股权结构层面。在初始股权结构设计时，全面、严格设计股权比例，避免投资者控制及未来股权变动导致的控制权旁落。

2. 在公司治理层面。公司治理机制设置过程中科学设置董事会席位以及董事会、监事会的权利制衡等，确保国有股控制地位。

3. 在加强党的领导与公司治理相统一机制方面。把目标企业党组织及所属各企业党组织纳入企业章程，明确党组织研究讨论是董事会、经理层决策重大问题的前置程序，确保党组织对企业改革发展的引导权、重大决策的参与权、重要管理人员的管理权和企业文化的领导权，有利于推动党组织与其他企业治理主体形成有效制衡的企业治理机制，并保证国有控股的强势地位。

但无论哪个层面的国有股股东控制权设计，实践中都要注意一定要明确写入投资协议、合营合同、公司章程等法律文件中，并确保合法有效。

三、股权结构设计技巧

在股权结构设计中要重点关注 67%、51%、34%、30%、20% 等关键比例的权利实效和法律效力，具体分析如下。

1. 持股 67%，则意味着相当于 100% 的股东权力，意味着具有决定公司存亡重大事件的绝对的控制权。《公司法》规定，股东大会作出决议，必须经出席会议的股东所持表决权过半数通过。但是，股东大会作出修改公司章程、增加或者减少注册资本的决议，以及公司合并、分立、解散或者变更公司形式的决议，必须经出席会议的股东所持表决权的 2/3 以上通过。

2. 持股 51%，是对公司的一般控制线，可以决定公司除 2/3 以上通过表决事项外的一般表决事项，也可以实现母公司并表。我国《公司法》第二百一十六条明确规定，控股股东是指其出资额占有限责任公司资本总额 50% 以上或者其持有的股份占股份有限公司股本总额 50% 以上的股东。

3. 持股 34%，意味着可以针对 2/3 以上通过表决事项行使一票否决权，但若要实现母公司并表，需要满足控制股东会或董事会等其他条件。因为《公司法》第二百一十六条也同时规定，出资额或者持有股份的比例虽然不足 50%，但依其出资额或者持有的股份所享有的表决权已足以对股东会、股东大会的决议产生重大影响的股东，也是控制股东。

4. 持股 30% 是上市公司要约收购线。

5. 持股 20% 是上市公司重大同业竞争警示线。

6. 持股 10% 以上享有临时会议请求权和公司清算诉讼权，例如，单独或者合计持有公司 10% 以上股份的股东请求召开临时股东大会，董事会不能履行或者不履行召集股东大会会议职责的，监事会应当及时召集和主持；监事会不召集和主持的，连续 90 日以上单独或者合计持有公司 10% 以上股份的股东可以自行召集和主持。另外，公司经营管理发生严重困难，继续存续会使股东利益受到重大损失，通过其他途径不能解决的，持有公司全部股东表决权 10% 以上的股东，可以请求人民法院解散公司。

7. 持股 5% 是重大股权变动警示线。

8. 持股 3% 以上具有临时提案权。《公司法》规定，单独或者合计持有公司 3% 以上股份的股东，可以在股东大会召开 10 日前提出临时提案并书面提交董事会；董事会应当在收到提案后 2 日内通知其他股东，并将该临时提案提交股东大会审议。临时提案的内容应当属于股东大会职权范围，并有明确议题和具体决议事项。

9. 持股 1% 以上的股东具有派生诉讼权。《公司法》规定，董事、监事、高级管理人员执行公司职务时违反法律、行政法规或者公司章程的规定，给公司造成损失的，应当承担赔偿责任。有限责任公司的股东、股份有限公司连续 180 日以上单独或者合计持有公司 1% 以上股份的股东具有请求诉讼权和派生诉讼权。

另外，在国有资本可以相对控股或参股的目标企业中，持股比例设计最好有一方具有主导的话语权，无论是国企还是民企，有一个相对控股的主体，从而避免由几个势均力敌的股东组成的或完全分散化的持股结构，最终导致没有效率的扯皮和没有休止的争论，以致常常陷入公司治理僵局。

四、切忌忽视知识产权作价

商标、专利等知识产权属于无形资产，不仅代表目前企业的资产价值，而且代表了企业对消费者和市场的影响力。中华民族要复兴，就要在经济领域创造具有国际市场价值的知名品牌，很多国有企业在长期发展中培育的知名品牌、专利技术在市场上已经确立了重要地位。因此，在引进外部投资者过程中要进一步明晰国有知识产权，并进行重点保护。

第一，要确保企业专利、商标等国有知识产权在评估作价时，纳入评估范围，确保外部投资者对此支付合理对价，防止国有无形资产流失。

第二，在投资协议或收购协议等法律文件中，要对知识产权的归属、许可使用权、使用期限、使用范围等作出明确约定，避免在引进外部投资者时资产边界界定不清，导致未来纠纷争议，影响合作效率。尤其注意针对申请中的商标、专利等所享有的商标申请权、专利申请权等无法纳入评估范围的权利进行特别约定，因为申请中的权利因尚未获得授权而无法评估，但是是有价值的。

第三，国有企业往往都不是单一公司，目标企业大多以企业集团下属子公司的形式存在，各级子公司使用集团母公司的商标或企业字号作为主商标或做商标背书的情况非常普遍。针对这种情况可以采取的措施主要有：（1）严格规范建立集团所有注册商标的授权使用事宜，合理确定许可使用费。（2）严格按照集团有关品牌管理规范、背书管理规范、商标管理规范等规章制度申请和使用。（3）原则上最好不许可参股的目标企业使用集团注册商标和标识。

通过上述措施，一方面，有利于确保国有无形资产的收益；另一方面，使国有控股的目标企业母子品牌整体形象呈现系统化、规范化、统一化，促进母品牌的宣传和提升，也有利于国有无形品牌资产整体影响力的提升。

五、缔结合法的资本联姻

建立合法的资本联姻才能得到法律的保护，目标企业引进外部投资者首先要避免违反法律和损害国家利益，尤其在引进境外投资者过程中，目标企业应当依照《外商投资产业指导目录》和相关安全审查规定，完善外资安全审查工作机制，包括：（1）要关注投资者持有公司股权后是否会因市场占有率过高，而触动商务部门的反垄断调查；（2）要关注商业秘密的保护。一方面，在洽谈接触初期就要签署完善的保密协议；另一方面，在投资协议等文件中要妥善安排目标企业对于投资人信息披露义务的范围，并且合理界定投资人股东的知情权，确保在不违背法律的同时严格保护企业商业秘密和国家信息安全等。

六、反向尽职调查

实践中，目标企业往往忙于应对外部投资者对目标企业及关联人的尽职调查，而忽视了目标企业和国有股东对外部投资人的尽职调查。对外部投资人的尽职调查要重点关注以下四个方面的问题。

第一，外部投资人是否与目标企业存在同业竞争的问题。同业竞争是指公司所从事的业务与其控股股东或实际控制人或控股股东所控制的其他企业所从事的业务相同或近似，双方构成或可能构成直接或间接的竞争关系。

产业投资者一般都会存在同业竞争的问题，所带来的影响有：（1）同业竞争是上市审核中独立性原则中关于业务独立的一个重要判断内容，目前中国证监会一般不接受根据业务地域、市场定位、价格区间等方式解释不构成同业竞争的口径，如果外部投资者控股，同业竞争就是目标企业上市申报前必须排除的障碍。（2）如果外部投资者不控股，但持股5%以上，需要对其与目标企业同业经营的事项予以关注，并充分披露，尤其是如果后续经营发生关联交易，需就关联交易（定价公允性、进行必要性、关联交易程序）的有关要求予以合规。

第二，外部投资者投资资金来源是否充分、合法，并及时明确投资资金的投资路径，以确保投资资金足额、及时到位并合规。

第三，如果外部投资者是战略投资者和产业投资者，需要关注其产品构成、技术和工艺、市场渠道能力和采购能力等，以确保战略合作中营销渠道、采购体系或技术和管理等方面资源、优势互补效用的真正实现。

第四，外部投资者本身的商业信誉、诚信记录等以及拟派出董事人选的资信状况，以避免对目标企业股权的稳定性和商誉造成负面影响。

第三章　减少联姻的信息不对称：尽职调查

第一节　尽职调查的商业价值

一、尽职调查的概念和分类

尽职调查也叫审慎调查。尽职调查一词译自英文"Due Diligence"，意思是"适当或应有的勤勉"，是指委托人委托第三方中介机构按照其专业准则就股票发行上市、收购兼并、重大资产转让等交易活动中交易对象和交易事项进行的审慎、适当的调查、审核、分析和评价。在混合所有制改革项目中，外部投资者会委托第三方对目标企业进行尽职调查，目标企业或国有控制股东会委托第三方对外部投资者进行反向尽职调查。

根据调查者和调查事项的不同，尽职调查可以分为四类：法律尽职调查、财务尽职调查、业务尽职调查、专门尽职调查（包括人力资源尽职调查、税务尽职调查、质量安全尽职调查等）。不同专业尽职调查的内容不可避免地会有重合，但各专业会利用各自专业手段，从各自专业角度和执业准则独立发表意见。

二、尽职调查的价值分析

大多数人认为尽职调查的主要价值是发现风险。笔者认为尽职调查的主要价值在于减少由于信息不对称等原因给联姻各方带来的交易成本，以求提前发现交易中的现存问题和潜在问题，进行事前解决或在签署法律文件时对问题可能会导致的损益进行分配，以求交易的公平和效率。因为对外部投资者的意外损失有可能就是目标企业或其控制股东的不合理收益，反之亦然；或者有的问题不事前解决将导致联姻各方的风险和损失，从而增加整个社会交易成本。因此，尽职调查最主要的作用是它的商业价值，混合所有制改革必须进行尽职调查。尽职调查的商业价值在于：

第一，尽职调查是目标企业摸清家底、整改历史遗留问题、完善内部管理的基础工作，尤其对于拟混合所有制改革后筹备上市的公司。

第二，尽职调查是外部投资者和持股员工了解目标企业基本情况，包括重要信息、数据和目标企业在各方面的瑕疵，保证投资决策所依赖的信息真实、完整、全面，以最大限度地降低投资风险的重要手段。

第三，尽职调查有助于挖掘目标企业的价值，通过对调查到的信息和数据进行分析和整理，能够从中得到目标企业具体评估值之外的价值信息，从而丰富、完整确定交易价格、调整交易价格幅度需要的考量因素。例如，法律瑕疵很少、合规性比较完善的目标企业，将促进投资者信心的提升，进而促进交易价格的提升。

第四，尽职调查是确定混合所有制改革资产边界、设计股权结构和改制方案等的重要依据。

第五，尽职调查是各中介机构发现问题、提出咨询意见、出具法律意见书和工作报告的信息基础。

第六，尽职调查发现的瑕疵和问题是交易各方和律师合理安排协议中陈述与保证、承诺、赔偿、交割条件等联姻协议条款的依据和基础。

第七，尽职调查会对目标公司的各种文件、函件、公文证书、单据等进行收集和整理，这也是一个证据梳理、归档的过程，当交易双方发生纠纷时，这种根据尽职调查而获得的"证据"就可以作为日后诉讼、仲裁证据材料或证据线索。

三、尽职调查的方式

（一）尽职调查问卷

中介机构往往将适用于各种类型公司普适性的"标准"问卷发给

目标企业，给目标企业增加没必要的负担。目标企业应当要求中介机构针对混合所有制改革的目的与目标企业的具体情况，在与目标企业相关部门沟通的情况下编写适用于目标企业的问卷。

（二）数据室

数据室（Data Room）也就是实体或在线文件资料，尤其适用于有若干投资者进行尽职调查的目标企业。在安排设计数据室时，目标企业和其律师一定要确保必要材料与信息的提供与敏感信息的保护。

（三）访谈

对于文件资料和政府相关部门无法提供的信息，如管理层对未来市场的预期、员工对公司文化的认同等，需要通过专题访谈来完成。

（四）政府信息检索

征信系统查询、税务登记系统、工商信息查询、房屋土地管理部门、法院系统诉讼案件信息查询等，是尽职调查必需的环节，且借助政府相关管理部门获取的信息往往更为真实、可靠。

（五）函证

目标企业的有些事项，如需第三方出具证明的，可通过向该第三方发函来获取该第三方对有关信息和现存状况的声明或证明，函证是律师和会计师惯常使用的尽职调查方法。

（六）现场核查

对目标企业的重要机器设备、存货、房屋、土地等重要资产，以及投资者比较关注的工艺流程和在建工程等还需要进行现场核查。一般情况下，第三方中介机构均假定被调查对象或委托人所提供的资料是准确、真实和完整的。但是，对于某些重大事项，不能只依赖于被调查对象所提供的资料，必要时还必须进行实地考察。

（七）书面说明

对于文件资料和政府相关部门无法提供，但需要目标企业进行确认的信息，目标企业出具相关说明并由目标企业签章或负责人签字，是尽职调查的一种补充方式。

（八）通过网络等公开渠道

实践中，借助网络检索目标企业信息以获取补充信息，也是各中介机构惯常使用的方法。

第二节　法律信息调查

一、法律信息调查的范围

战略投资者和财务投资者由于投资目标不完全一样，对法律信息调查的侧重点也不一样。例如，尽管有财务顾问关于业务的信息调查，但战略投资者会比较关注法律信息调查的商业合同，但财务投资者会更关注目标企业的财务现状与退出方式。

二、法律信息调查的主要内容

（一）股东出资的合法性

股东是否真实出资到位是法律信息调查的首要内容，重点需要关注非货币资产出资，如是否是可出资资产、是否有权用该等资产出资、出资是否评估和到位、股东是否要补足出资、是否影响目标企业的资产范围等。

（二）目标企业过往改制的合法性

大多数目标企业历史上进行过改制，过往改制合法性是需要关注的内容。例如，改制过程是否进行资产评估或进场挂牌交易，是否有遗留问题、是否实际有国有资产流失情形等。

（三）目标企业历史沿革中的股权变动问题

这主要包括转让方是否有权转让标的股权，是否履行适格主体的行政审批、是否有效等。

（四）资质取得和维持的合法合规性

对于法律规定的公司取得及维持某项业务资质所必须具备的条件，目标企业是否确实满足？是否可能存在目标企业以非正当手段取得资质的情形？是否存在可能导致资质被撤销，或目标企业无法有效维持相关资质的情形？

（五）商业贿赂行为

商业贿赂行为的存在除了使目标企业可能面临法律责任外，还会影响对目标企业的业务来源和持续性的判断，进而影响目标企业的业务经营、收入状况和估值。

（六）土地性质及土地和房屋用途

国有企业往往存在划拨土地，划拨土地是否符合《划拨用地目录》等规定，是否存在违规占用农用地及农村集体建设用地的情形，土地证/房产证上的记载用途和实际用途是否一致，实际用途是否违反规划的情形。目标企业如果计划上市，划拨土地必须转为出让，土地用途变更所需补缴的出让金可能大幅增高目标企业的土地、房屋占有和使用的成本。

（七）知识产权许可使用与非专利技术的持有情况

如果目标企业的重要知识产权是经许可使用，该等许可是否可以长期持续？目标企业持有的非专利技术情况如何？相关的非专利技术保密措施及核心人员的情况如何？等等。知识产权和非专利技术等是目标企业的核心竞争力及目标企业日常业务正常持续开展的重要保证。

（八）目标企业内部关联资金拆借情况

存在内部关联资金拆借的原因是什么？是否存在控制股东及其关联方套取或掏空目标企业资金的情况？资金拆借的条款和条件如何？是否有导致对方拆借获利或显失公平的情形？等等。这些情形对目标企业的财务状况可能产生重大影响。对于目标企业借入款项，是否存在外部投资者收购或增资完成后，需向目标企业提供财务资助，从而增加投资者财务负担的情形？对于目标企业借出款项，是否存在无法收回的重大风险？

（九）债务合同中的收购限制条款

目标企业作为借款人的协议、合同中是否存在收购限制条款？如果有这类条款，目标企业的股权发生变更，或主要资产被出售，则需事先通知债权人，以保证目标企业的偿债能力。如果未履行约定义务，债权人对目标企业主张违约责任，包括要求提前归还借款，将对目标企业的财务状况造成重大影响，同时也将影响并购目的和成本。

（十）目标企业现有股东的同业产业或业务

现有股东（特别是控股股东）拥有或投资其他与目标企业同业的产业或业务，会存在其通过发展同业挤占目标企业的业务机会、侵害目标企业的权益，从而影响外部投资人的利益的风险。

（十一）潜在的税务处罚和补税风险

目标企业是否存在漏缴、少缴、未及时申报缴纳税费或未履行代扣代缴义务等而被处罚或可能被处罚的情况？因该等行为可能导致法律责任和造成商誉影响，也可能会对目标企业的财务情况产生重大影响。另外，需要关注税收优惠政策的可持续性。例如，目标企业享受的税收优惠是否有明确的规范性文件依据，是否是针对个别企业的"土政策"？如果该等优惠具有重大的不确定性，可能因各种原因而丧失，则会对目标企业的税收和未来收益预测产生重大影响。

（十二）社会保险与住房公积金的规范缴纳

目前最常见的问题：未按规定基数缴纳，实际缴费基数未按员工实际工资水平确定，而是当地最低工资标准；未覆盖全员缴纳，特别是住房公积金欠缴情况明显。如被追缴，补缴金额可能巨大，会对目标企业的财务情况及外部投资者的利益产生重大不利影响。

（十三）法律风险因素及其他法律重要事项调查

这主要涉及尚未了结的诉讼、仲裁案件、行政处罚案件等；在案件中的地位和目前所处的阶段（一审阶段、二审阶段、执行阶段、仲裁阶段、行政处罚阶段、行政处罚复议阶段等）；公司尚未追索回或者尚未赔付判定款项的诉讼、仲裁等；与重大诉讼或仲裁事项相关的合同、协议，法院或仲裁机构受理的相关文件。另外，也要关注目标企业是否存在任何潜在的、有很大可能性即将发生的重大诉讼、仲裁案件，可能导致目标企业承担或有负债、出现重大损失及/或可能对目标企业存续和正常生产经营产生重大不利影响的情况，从而对收购方/投资方的利益造成重大损失，甚至导致既定的投资目的落空。

三、法律信息调查报告

（一）法律信息调查报告的内容

法律信息调查报告的内容一般包括总结与概述、调查范围、办法与免责声明、报告主题、调查结果、问题、解决方案或建议。实务中，法律信息调查报告可以以进展报告（Interim Report）、完整报告（Full Audit Report）、问题报告（Report by Exception）等不同的报告方式提交。目标企业可以根据项目进展的需要，要求律师事务所先出具进展报告或问题报告，或选择统一出具完整报告。

需要注意的是：少数情况下，律师事务所按项目所需先出具问题报告，并组织整改、完成项目后，就不再提供完整报告。完整报告是一定时点公司法律状况的普查和总结，也是目标企业加强内控管理的重要依据，因此，目标公司要关注索取整体报告。

（二）法律信息调查报告的适用

实务中存在一种情形：律师事务所会在报告中明确声明，此信息调查报告仅限于目标企业为本项目使用，目标企业不能提交其他律师事务所作为参考和依据。目标企业针对这种情况应当与律师事务所充分协调，确保目标企业能充分使用法律信息调查报告，充分利用法律信息调查报告的价值。

第三节　财务信息调查

一、财务信息调查的主要内容

财务信息调查是指专业的财务和会计人员针对目标企业的财务情况及其他影响因素等进行调查。财务信息调查一般所使用的方法包括实施财务文件审阅、对高管及骨干员工进行访谈和对历史财务数据进行比较及趋势分析，并最终以书面形式向并购方报告目标企业的财务、税务风险及实际的经营状况。

财务信息调查的内容侧重于了解目标企业的成本和定价情况、资产规模和质量、负债和收入状况，以及企业的主营业务类型、行业地位和竞争状况，还包括目标企业的净资产规模和股本结构，以及目标企业获取现金流能力和盈利能力等相关指标。

在混合所有制改革项目的财务信息调查中，调查方往往将所有影响资产计量价值的因素、影响负债完整性的因素以及影响企业持续盈利能力的因素都列为重点关注对象，因为这些因素关系到目标企业的实际经营状况以及判断目标企业的价值，属于财务信息调查的核心。

二、财务信息调查的主要作用

财务信息调查的主要作用主要体现在以下三点：其一，充分揭示目标企业的财务及税务状况，规避可能的财务风险；其二，分析目标企业以往的获利能力及现金流；其三，了解目标企业的资产及负债（包含或有负债）、内部控制、经营管理的真实情况，为后续的交易谈判、投资决策等提供重要的基础。

第四节 业务信息调查

业务信息调查又称商业信息调查或战略信息调查，指由专业的管理及咨询团队分析研究目标企业的战略定位、商业模式及所在行业的现状和未来发展趋势。业务信息调查往往是财务顾问需要进行的信息调查。业务信息调查通常包括目标企业调查和外部环境分析两个部分。

一、目标企业调查

目标企业调查即运营信息调查，主要调查与目标企业业务运营状况相关的各项信息，包括：

1. 目标企业各项经营资质以及高新技术企业等认定资质。

2. 采购模式、前十大供应商情况、近几年的采购成本变动分析及与采购有关的管理制度等。

3. 目标企业主要产品和服务，产品和服务的主要用途、工艺流程和技术先进程度，工厂、设备和未来产能设计，以及质量安全、环境保护管理现状。

4. 销售商模式、前十大客户情况，产品或服务的销售区域、价格政策和市场占有率等。

5. 研发机制、核心技术、研发成果、在研项目、研发目标以及研发资金投入情况。

6. 其他与目标企业业务运营相关的信息和材料。

运营信息调查通过对目标企业的上述内部程序、信息和人员进行了解，评估这些信息可能对改制带来的影响，并据此评估目标企业的价值。

二、外部环境分析

外部环境分析的目的是得到目标企业所处行业的行业特征、市场、客户和竞争对手等的相关信息并进行分析，促使外部投资者对目标企业的市场规模、市场竞争力、预期增长空间作出评价，作为目标企业价值评估的基础。一般包括以下内容：

1. 所在行业的发展状况，包括市场容量、行业供求状况、行业利润水平、行业的技术特点、行业特有的经营模式、国家相关产业政策和影响行业发展的因素，以及未来发展前景和趋势等。

2. 行业市场化程度、行业竞争格局、行业内的主要企业及其市场份额、进入本行业的主要准入壁垒及替代品的竞争状况等。目标企业在行业中的竞争地位包括目标企业的市场占有率、盈利水平排名、品牌知名度，以及主要竞争对手的相关经营状况，由此分析目标企业的市场地位、竞争优势和劣势。行业竞争格局和竞争者分析的重点在于对当前竞争对手、新进入竞争对手及其对目标企业构成的威胁进行分析，目的在于确定竞争对手对目标企业构成的威胁及存在的机会，并将这些潜在威胁和机会在之后的公司估值分析中予以考虑。

3. 若目标企业国际业务比例较大，需要注意产品进出口国的有关进出口政策，贸易摩擦对产品进口的影响，以及进口国同类产品的竞争格局等情况。

4. 目标企业所处行业与上游、下游行业之间的关联性及上下游行业发展状况，据此分析与所处行业密切相关的上下游行业及上下游行业发展对目标企业所处行业发展前景的有利及不利影响。

5. 客户分析促使投资者对客户对目标企业产品未来购买的欲望、客户对目标企业产品升级和品牌价值的看法、客户对目标企业与竞争对手产品和服务差异化认可程度，以及要使目标企业在未来取得更大的市场份额所需要付出的代价等形成认识和评价。

一般情况下，财务投资者由于对目标企业行业不熟悉，业务信息调查会做得很详细、深入和彻底，他们甚至会到目标企业的每个子公司进行现场访谈和调研，包括各个子公司的供应商和经销商。核心业务相近的战略投资者业务信息调查中关于外部环境分析部分工作量会小很多。

第五节 专项信息调查

一、人力资源信息调查

通过人力资源信息调查，投资者可以对目标企业现有人员结构、素质和数量等情况进行全面了解，有利于混合所有制改革后共同合理规划人力资源整合方案，提出对高层管理人员或其他关键人员采取针对性的聘用或激励举措的建议。

（一）人力资源信息调查的主要内容

1. 对目标企业人员的年龄、工龄、学历、职称、创新能力、技能水平、岗位等信息进行汇总和分析，并将这些资料与行业标杆进行对比，从而对目标企业的人力资本质量进行初步判断。

2. 对目标企业组织架构进行调查，包括目标企业专业职能组织、业务部门组织结构和岗位设计原则，以及之间的职责分工和工作流程等。

3. 对目标企业人力资源管理制度和流程进行合规性审核，重点查阅员工合同管理、休假管理、考勤管理、薪酬福利、奖惩条例等相关制度规定。尤其对于国有企业离岗、内退人群的调查需要仔细查阅目标企业的相关文件、办理流程和原始记录，并研究其是否符合国家及当地的相应法规要求，避免未来劳动争议的发生。

4. 对劳动合同、社会保险、住房公积金等进行调查，尤其在国有企业整合民营企业情况下，民营企业社会保险、住房公积金未缴纳或拖欠、缴纳不达标的情况比较普遍。

5. 对目标企业核心管理团队和关键管理人员进行调查。核心管理团队包括董事、管理层等，关键管理人员包括财务负责人、生产负责人、营销负责人等，除了关注他们的简历或近几年任职业绩，还需要和他们直接沟通和交流。管理层作为企业的核心人才，混合所有制改革后他们是否希望留任及其留任的关键动机，是混合所有制改革后新公司进行经营层选聘的信息基础。

6. 国有企业混合所有制改革往往涉及人员分流安置，在调查中需要重点关注目标企业所在地的改制政策文件中针对分流安置人员的补偿标准和条件，各省市对于国有企业改制人员安置政策不一，要因地制宜，稳妥进行、彻底解决，避免留下"后遗症"。

（二）人力资源信息调查的作用

1. 为目标企业混合所有制改革后人力资源改革和机制创新，包括整合薪酬体系设计、培训体系设计等提供信息基础，尤其是拟进行员工持股的目标企业，人力资源信息调查是设计员工持股方案的重要依据。

2. 为保留激励团队和关键人才提供信息。人力资源信息调查对核心团队及关键人员创新水平、能力状况、薪酬竞争力、工作经历等的分析和评估，为目标企业针对性地聘用与激励关键人才提供了可靠的基础，也为优化薪酬体系设计、整合培训体系等提供了支持。

3. 为目标企业重塑企业文化提供参考。在人力资源信息调查中，可以收集到目标企业的企业文化相关要素，如员工工作方式、员工工作态度、员工满意度、员工对公司愿景、员工的认可程度等，这些要素有助于外部投资者对目标企业的企业文化作出判断。

二、质量安全信息调查

质量安全信息调查是生产型企业不可忽略的尽职调查领域，产品质量管理、安全生产管理、节能环保管理、职业健康管理及应急管理等企业质量安全管理对于生产型企业的可持续发展至关重要，也间接影响目标企业未来管理提升所需要的成本。

质量安全信息调查一般包括以下内容：

1. 质量安全管理制度、质量安全管理机构等质量安全管理体系是否建立，以及专业人员、专项资金的到位是否与企业生产经营相匹配。

2. 产品标准体系、供应链管理、实验室能力管理、产品标签标识管理、可追溯体系建设、产品监督抽检机制等产品质量管理体系和措施是否完善。

3. 风险源辨识、隐患排查、建设项目安全管理、危险作业安全许可审批制度、设备设施安全管理、特种设备安全管理等安全生产管理措施是否到位。

4. 职业危害防治和个体防护装备发放等是否符合本行业职业健康管理制度和标准。

5. 污染处理工艺及设备、污染物（污水、废气、固体废物、厂界噪声）排放或处置等应当符合有关法律法规、国家和行业标准的要求。

6. 应急预案管理和事故分级响应制度是否符合本企业安全生产需要。

7. 近期是否发生重大质量安全、安全生产方面的事故，是否受到国家相关部门的处罚，是否有可能发生的赔偿等。

8. 其他质量安全和安全生产方面需要关注的问题。

三、税务信息调查

不同行业和不同的企业组织类型有着不同的税赋风险，税务信息调查的目的在于调查目标企业的税收政策是否存在违法违规行为及目标企业的涉税事项是否存在其他潜在风险。在开展税务信息调查的过程中，调查人员需要了解目标企业纳税所在地同类型企业的税收体系，并审核相关报告和底稿等，确保税务合规和资产评估的税务基础合理、准确。

第六节　尽职调查两大忌讳

一、未因地制宜

第三方中介机构往往会拿出标准化的、千篇一律的调查问卷和资料清单，但不同行业、不同规模的目标企业混合所有制改革的重心和难点不一，因此尽职调查必须有的放矢、因地制宜。例如，影视娱乐业尽职调查必须把从业人员，包括导演、编剧、演员、作曲、摄影、制片人、监制、创意总监、影视制作人和歌手等作为尽职调查第一要素；科技型公司必须把专利、专有技术等作为重要内容；房地产企业需要把融资渠道、土地储备等作为重点等。范本化的调查问卷和资料清单将导致目标企业重要信息的遗漏和尽职调查的不全面、不完整。

二、无综合建议

各项尽职调查完成后，财务顾问或投资经理应当组织各个中介充分沟通，对法律、财务、业务、人力资源等各方面问题和关键信息进行整合、讨论后形成整体判断和综合工作成果，并基于该成果形成综合投资方案建议书，投资方案建议书应当包括估值定价、董事会席位、否决权和其他公司治理问题、退出策略、确定合同条款清单等内容。

由于外部投资者和目标企业的出发点和利益不同，双方在估值和控制权方面的主张往往是谈判的焦点，财务顾问要牵头组织各第三方中介机构协助设计交易结构、合同条款并组织谈判，切实保护混合所有制企业各类出资人的产权权益，一方面杜绝国有资产流失，另一方面促成交易和改制的完成，并保证各方交易主体利益的合理性和最大化。

第四章　确定联姻的定价基础：
　　　财务审计与评估

企业混合所有制改革的核心是资产的作价，而财务审计和资产评估是企业作价的基础和依据；另外，国有企业改制监督、管理的重点就是防止会计信息失真、审计失败、评估不实、低估贱卖导致的国有资产流失，否则混合所有制改革将与放大国有资本调节功能、促进国有资产保值增值的初衷背道而驰。

习近平总书记2014年3月在参加"两会"安徽代表团讨论时专门指出：发展混合所有制经济，基本政策已明确，关键是细则，成败也在细则。要吸取过去国企改革的经验和教训，不能在一片改革声浪中把国有资产变成牟取暴利的机会。改革的关键是公开、透明。因此，作为联姻定价基础的财务审计和资产评估工作，对于企业混合所有制改革最终目标的实现至关重要。

第一节　财务审计

一、财务审计概述

（一）财务审计的必要性

1. 根据《国务院办公厅转发国资委关于进一步规范国有企业改制工作实施意见的通知》（国办发〔2005〕60号）规定：国有企业实施改制必须由审批改制方案的单位确定的中介机构进行财务审计和资产评估，财务审计应依据《中国注册会计师独立审计准则》等有关规定实施。

2. 资产评估的结果是国有企业混合所有制改革折股的依据，而纳入改制范围的资产的界定和不纳入改制范围的资产的剥离都是在对企业混合所有制改革为目的的全面财务审计的基础上进行的，也就是说，资产评估必须在财务审计的基础上进行。

（二）财务审计的范围和期间

财务审计的对象范围包括：（1）目标企业及所属全资子公司、控股子公司及其他具有控制或管理关系的下属企业或单位。（2）对于参股企业，分为两种情况：如果对于营收和利润影响重大，如利润占比10%以上，需要进行财务审计；如果对营收和利润影响比较小，一般会要求提供近3年的年度财务审计报告和改制截止日的财务报表，会计师事务所会对其进行分析和复核。

根据相关规定，国有企业混合所有制改革财务审计的时间期间是一年一期，但如果改制上市的话，财务审计的时间期间是三年一期，即申报基准日前3个完整会计年度年末及截至申报基准日止的资产负债表，以及申报基准日前3个完整会计年度截至申报基准日止会计期间的利润及利润分配表、现金流量表、会计报表附注。当然，发现个别事项需要追溯的，不限于三年一期的限制，因为涉及期初数的认定。

（三）财务审计的主要内容

1. 会计师事务所要根据《中国注册会计师独立审计准则》，对混合所有制改革企业在正常、持续生产经营条件下的财务状况、经营成果、现金流量、资产质量等基本经营情况进行全面审计，包括资产负债表、损益表、现金流量表、会计报表附注及相关附表所反映的全部内容。

2. 会计师事务所要对改制基准日的资产负债表及财产清册进行审计，以改制基准日为截止日对企业各类资产和负债进行全面清查，包括账内资产或负债以及账外资产或负债。

3. 针对会计师事务所在审计过程中发现的企业账务处理与规定不符合之处，目标企业要进行调整，调整后事项应当得到会计师事务所的认可。在前述两项审计工作基础上，改制企业要调整并最终编制以改制为目的的会计报表，会计师应当对最终的会计报表发表审计意见。

会计师事务所审计工作的成果是审计报告，审计报告由会计师根据其实施审计程序工作的结果和获取的审计证据，运用专业判断而确定形成，目标企业不能擅自修改或删减。审计报告也是评估师事务所进行资产评估工作的基础和依据。

二、财务审计应当注意的问题

（一）法定代表人离任审计

原国有控制股东不再具有控制权，拟改制为非国有的目标企业，除财务审计外，还必须在改制前由国有产权持有单位组织进行法定代表人离任审计。在这种情况下，目标企业不得以财务审计代替离任审计。离任审计应依照国家有关法律法规和《中央企业经济责任审计管理暂行办法》（国务院国资委令第7号）及相关配套规定执行。财务审计和离任审计工作应由两家会计师事务所分别承担，分别出具审计报告。另外，针对目标企业存在的特殊问题，如针对大量、复杂的债权债务，还可能进行债务审计。

（二）关联交易是改制财务审计的重点

关联交易是目标企业转移资产或利润的主要途径。目标企业应当配合会计师事务所彻底审查关联方，尤其注意下属企业关联交易的合规性、合理性、真实性和记录的完整性。合规性主要关注关联交易是否签署合同、协议等交易文件，以及是否依据相关管理制度履行内部决策或审批程序；合理性主要关注关联交易的必要性和交易价格是否公平合理；真实性主要关注交易是否真实发生，货物是否发生交付、货物所有权是否转移，避免利用虚假关联交易虚增利润或收入；完整性审核主要看交易是否在会计期间内及时进行了准确、完整的会计处理。

（三）应收账款和坏账损失的认定

应收账款和坏账损失的认定是改制企业财务审计中比较敏感的事

项，目标企业应当仔细核查应收账款、取得债务人询证函，严格按照坏账损失确认条件认定坏账损失，并按照会计制度计入。

（四）无形资产审计

根据《企业会计准则——无形资产》（2006 年修订），无形资产审计中要注意：

1. 准确界定研发费用的支出阶段，研究阶段的支出于发生时计入当期损益，开发阶段的支出在满足一定条件时确认为无形资产。

2. 准确研判无形资产属于使用寿命有限还是使用寿命不确定，以准确界定无形资产在多长使用寿命期内摊销或在每个会计年度对其使用寿命进行复核。

3. 自创商誉无法在目前会计准则下入账确认，但应当进行财务审计的考量，如可以作为表外事项予以披露，以保证目标企业财务会计信息更加符合客观真实的企业资产状况。

4. 要充分关注目标企业土地使用权、专利权、商标权、非专利技术、探矿权、采矿权、特许经营权、许可权等无形资产的情况。

（五）内部审计与企业改制财务审计的区别

内部审计是指组织内部的一种独立客观的监督和评价活动。内部审计通过审查和评价经营活动及内部控制的适当性、合法性、有效性来促进组织目标的实现。国际内部审计师协会给出的定义为："内部审计是一种独立、客观的保证与咨询活动，目的是为机构增加价值并提高机构的运作效率。它采取系统化、规范化的方法对风险管理、控制及治理程序进行评估和改善，从而帮助机构实现它的目标。"由此可见，内部审计是组织或机构内部的一种监督评价工作，内部审计的目标包括财务审计，更重视管理审计和风险控制。

而混合所有制改革主要是财务审计，且是由外部具有法定资质的法定中介承担的对目标企业在正常、持续生产经营前提下所编制的会计报表所反映内容的真实性、完整性、合法性、准确性、公允性、一致性、所有权与义务表达与提示的充分性等进行核查并发表意见的独立的评价服务。

另外，混合所有制改革同时上市申报的，还需要会计师事务所出具内控报告，内控报告的内容包括财务事项和非财务事项两个方面，内控报告一般是内部审计部门应当对接和配合的事项。

（六）目标企业财务审计的统筹管理

除了配合会计师事务所相关审计工作，还应当做好财务审计的统筹管理，厘清股权关系、做好对不动产的清理工作，集中关注确定全面、准确、合理的改制范围，处理好历史遗留问题，并坚持做好与上级国有资产管理部门、控制股东、会计师事务所等相关主体的沟通、解释和说明工作。

第二节　资产评估

一、资产评估概述

（一）资产评估的概念

"资产评估，是指资产发生交易、转移或变更经营者之前，对其价值进行评定和估算，即由专门的机构和专业人员，依照国家法律法规和政策以及有关资料、数据，根据特定的目的，遵循真实、公平、科学、可行的原则，运用科学的方法和统一的价值尺度，按照规定的程序，对特定的资产进行全面系统的评定估算，重新确定资产价值。"①

（二）资产评估的必要性

根据《企业国有资产评估管理暂行办法》（国务院国资委令第12号）第六条的规定，国有企业混合所有制改革如果涉及十三类中的整体或者部分改建为有限责任公司或股份有限公司、非上市公司国有股

---

① 肖俊. 试论国有企业改制中的资产评估［J］. 湖南经济管理干部学院学报，2004（3）：13.

东股权比例变动、国有企业产权转让、接受非国有单位以非货币资产出资四类经济行为，企业就必须对相关资产进行评估。

另外，2016 年 133 号文明确规定："在员工入股前，应按照有关规定对试点企业进行财务审计和资产评估。员工入股价格不得低于经核准或备案的每股净资产评估值。国有控股上市公司员工入股价格按证券监管有关规定确定。"因此，无论是否引进员工持股，目标企业混合所有制改革都必须进行资产评估。

（三）资产评估的委托

根据《关于加强企业国有资产评估管理工作有关问题的通知》（国资委产权〔2006〕274 号），经济行为事项涉及的评估对象属于企业产权等出资人权利的，如企业重组、改制、合并、分立、产权（股权）转让、境内外发行股票、债转股、重大资产投资等，按照产权关系，由企业的出资人（非目标企业自身）委托资产评估机构，因此，混合所有制改制工作中，目标企业控股股东需要委托相应资质的资产评估机构对拟进行混合所有制改革或员工持股的目标企业进行资产评估，资产评估的结果将作为目标企业混合所有制改革的价值参考依据。

（四）资产评估的对象和范围

混合所有制改革资产评估的对象一般是目标企业的股东全部权益；评估范围一般是目标企业于评估基准日的全部资产及负债。

（五）资产评估的工作成果

资产评估的工作成果是评估报告。评估报告的使用者主要是目标企业各控制股东、目标企业以及与经济行为相关的公司上级国有资产监管部门、政府审批部门及行业协会等各类其他评估报告使用者，但评估报告的主要作用是作为引进外部投资者和员工持股或股权转让作价估值的基本依据。

二、资产评估应当注意的问题

（一）合理确定评估基准日

目标企业从被批准进行混合所有制改革、选择确定基准日到评估工作完成以及产权交易所挂牌，往往需要 6 个月或更长时间，因此，在确定评估基准日时要特别注意经核准或备案的资产评估结果使用有效期为自评估基准日起一年（自评估基准日到资产有效转让），避免基准日确定不合理造成改制任务尚未完成而评估结果有效期已过等问题。评估基准日的选择应有利于改制方案的实施和账务调整等问题，实践中接近于改制实施日的月末、季末或年末是常见的评估基准日的选择。

（二）明确界定产权，完善产权关系

尤其历史悠久的国有企业，不同发展阶段存在各种不同的历史遗留问题，评估过程必须查清资产的权属、证照，做到有凭有据，账外资产必须彻底清理，全额反映，纳入改制评估范围。另外，对于产权不清晰且近期内无法完善的资产，应该在评估基准日前进行剥离，避免对目标企业混合所有制改革后的上市进程产生影响。

（三）评估方法的合法、合理使用

国有资产评估方法包括：（1）收益现值法；（2）重置成本法；（3）现行市价法；（4）清算价格法。但根据《关于加强企业国有资产评估管理工作有关问题的通知》要求，涉及企业价值的资产评估项目，以持续经营为前提进行评估时，原则上要求采用两种以上方法进行评估，并在评估报告中列示，依据实际状况进行充分、全面分析后，确定其中一个评估结果作为评估报告使用结果。同时，对企业进行价值评估，企业应当提供与经济行为相对应的评估基准日审计报告。

（四）关注知识产权评估，维护国有无形资产权益

《国有资产评估管理办法》（国务院令第 91 号）第六条明确规定："国有资产评估范围包括：固定资产、流动资产、无形资产和其他资产。"无形资产主要包括土地使用权、商誉和知识产权等。无形资产不仅影响企业有形资产的运营效益，而且影响企业的信誉、持续发展的潜力和活力。可口可乐前总裁伍德拉夫曾讲过，即使可口可乐公司在世界上的工厂在一夜之间都化为灰烬，它都完全可以凭借其商标很快东山再起。

但由于无形资产没有实物形态而容易被忽略、实践中有的国有企业对无形资产实际账面记录也不完善等因素，在国有企业改制评估中存在忽视对企业无形资产的评估的现象，特别是对商誉和知识产权的评估。其中，有些老字号或知名企业，其商标、商号经过多年的积淀，具有稳定的消费者群众，无形资产的价值非常可观，无形资产在混合所有制改革评估中的疏漏影响了国有资产保值增值，也造成了不良的社会影响。

因此，在国有企业改制中尤其要加强对商誉和知识产权等无形资产的评估。实践中应当注意的问题主要包括：

1. 商誉是目标企业由于其良好的信誉、优质的品牌形象、先进的生产技术等因素而具有的超越同行业其他企业的核心竞争力，但由于商誉能为目标企业带来的收益具有不确定性，而且商誉不能单独存在，其价值必须通过企业整体价值予以体现，因此在评估实践中需要重点把握。

2. 知识产权的评估具有很强的专业性，资产评估师进行知识产权资产评估业务，应当关注宏观经济政策、行业政策、经营条件、生产能力、市场状况、产品生命周期等各项因素对知识产权资产效能发挥的作用，关注其对知识产权资产价值产生的影响。

3. 企业某些无形资产一般在资产负债表上是不反映的，如工艺诀窍、专有技术等，外部评估中介限于行业的熟识度和对企业情况的了解，对于表外的无形资产很难做到完全辨识和清查，因此，目标企业自

身应当建立一个无形资产申报流程，从一线员工到工厂厂长，从业务单位到财产管理部门，彻底核查企业无形资产，避免表外无形资产核查、申报的遗漏。

4. 《国有资产评估管理办法》第三十条对无形资产的评估，区别情况进行了规定：（1）外购的无形资产，根据购入成本及该项资产具有的获利能力；（2）自创或者自身拥有的无形资产，根据其形成时所需实际成本及该项资产具有的获利能力；（3）自创或者自身拥有的未单独计算成本的无形资产，根据该项资产具有的获利能力。但无论哪一种情形，资产评估师采用收益法评估知识产权资产时，应当结合出资目的实现后评估对象合理的生产规模、市场份额、技术及管理水平等因素，综合判断未来收益预测的合理性。

5. 商标专利的评估不仅包括商标权、专利权，还应当包括商标使用权和专利使用权。另外，需要特别注意的是，商标申请权和专利申请权也是具有价值的知识产权权益，但由于尚未取得法定授权，根据中国资产评估协会2015年下发的《知识产权资产评估指南》，不能纳入评估的范围。域名的评估也是实践中的难题。因此，在无形资产评估后的定价谈判中，要关注未进入评估范围的知识产权权益，谈判中为该部分无形资产获得交易对价的考量。

（五）评估操作流程和时限的把握

企业资产评估需要履行的流程主要有：（1）相关经济行为的审批；（2）评估基准日和资产评估范围的确定；（3）选择资产评估机构并签署保密协议和委托协议；（4）依法进行资产评估；（5）评估报告的核准或备案申请；（6）评估报告的公示；（7）评估报告核准或备案机构的审核；（8）核准或备案审核意见的提出以及企业和中介机构作出解释和说明；（9）企业组织中介机构根据审核意见修改完善评估报告；（10）核准或备案机构出具核准或备案的批复。

评估操作流程比较复杂，且需要自评估基准日起8个月内提出核准申请或自评估基准日起9个月内提出备案申请，审核和备案手续需要20个工作日，其间一般还有不少于5个工作日的公示期间，公示制度的目的在于依法保障资产评估项目相关各方的知情权和监督权，如果出现公示反馈意见的，评估委托方或资产占有方还需要时间处理公示反馈意见；另外，实践操作中部分企业集团内部规定对于超过自评估基准日起9个月内的备案申请不予受理。为此，在混合所有制改革和员工持股项目操作中，需要提前安排评估进度和时间表，确保在法定期限内完成资产评估相关所有事项。

第五章 设计内部投资者联姻计划：员工持股

第一节 员工持股的现实背景

一、员工持股政策法规

员工持股是员工通过持有公司股份（或出资额比例），从而享有公司部分所有权、收益权、经营决策权等的参与机制。员工持股制度下，员工作为内部投资者，既是劳动者，又是公司所有者，实现了资本和劳动力的利益深度绑定，是一种促使员工为企业整体利益和长远利益更为努力付出的长期激励的方式。

西方发达国家的企业员工持股制度肇始于 19 世纪末期，经历了较长的发展，取得了较好的效果。尤其是美国的员工持股计划（Employee Stock Ownership Plan，ESOP）起步较早，另外，国会在 1974 年通过的《职工退休收入保障法》（*Employee Retirement Income Security Act of* 1974，ERISA）中写进了相关 ESOP 的条款，ESOP 从此获得了法律保护。因此，美国员工持股拥有比较完善成熟的立法和丰富的企业实践。

在我国历史上，100 多年前晋商创造的"身股"就是在企业的资本构成中，除出资人的银股外，还有掌柜阶层和资深职员持有的人身股。"身股"并不实际出资，而是按照工龄、职务、贡献度和工作态度确定比例分红。这种"身股"制度实质就是针对人力资本的激励机制，所谓"辛金百两是外人，身股一厘自己人"。

改革开放后，我国的员工持股制度始于 20 世纪 80 年代初，"自

1984 年北京天桥百货公司首次设立个人股"① 的 30 多年来，我国员工持股制度几经变化，经历过积极推广，也多次被"叫停"。我国员工持股计划尚处于探索和实验阶段，立法尚不完善，已有的规定和制度基本都属于部门规章的范畴，近几年最新的政策和立法依据主要有：

1. 2008 年 9 月，国务院国资委颁发了《关于规范国有企业职工持股、投资的意见》（国资发改革〔2008〕139 号，以下简称 139 号文），明确提出："积极推进各类企业股份制改革，放开搞活国有中小企业，鼓励职工自愿投资入股，制定改制方案，要从企业实际出发，综合考虑职工安置、机制转换、资金引入等因素。"该文件将员工持股与企业股份制改革以及国有大中型企业主辅分离、辅业改制相结合，针对前期职工持股中发现的问题，对持股职工范围、持股形式、入股资金来源等进行了规范。

2. 2010 年 9 月，财政部、中国人民银行、中国银监会、中国证监会、中国保监会联合下发《关于规范金融企业内部职工持股的通知》（财金〔2010〕97 号，以下简称 97 号文），明确提出："通过加强金融企业内部职工持股管理，规范国家、企业与职工之间的分配关系，推动金融企业建立合理的激励约束体系，进一步规范社会收入分配秩序，实现金融企业的持续健康发展。"同时，针对金融企业内部职工持股提出了严格执行股权比例规定、妥善解决内部职工持股历史遗留问题等四项措施。

3. 2013 年 11 月，中共十八届三中全会通过的《中共中央关于全面深化改革若干重大问题的决定》中明确提出："允许混合所有制经济实行企业员工持股，形成资本所有者和劳动者利益共同体。"这意味着企业员工持股也成为混合所有制改革的途径之一，将"企业员工持股"与"混合所有制"有机结合，超越了员工持股单纯"长期激励"的目的，也意味着国有企业员工持股重新启动。

4. 2015 年 8 月，中共中央、国务院下发的 22 号文作为新时期指导和推进国企改革的纲领性文件，针对员工持股明确提出：

---

① 赵艳．人本视角下的混合所有制企业员工持股［J］．中国农业会计，2016（11）：10 - 11.

（1）在方向上，探索实行混合所有制企业员工持股。

（2）在方法上，坚持试点先行，在取得经验的基础上稳妥有序推进，通过实行员工持股建立激励约束长效机制。

（3）在范围上，优先支持人才资本和技术要素贡献占比例较高的转制科研院所、高新技术企业、科技服务型企业开展员工持股试点，支持对企业经营业绩和持续发展有直接或较大影响的科研人员、经营管理人员和业务骨干等持股。

（4）在方式上，员工持股主要采取增资扩股、出资新设等方式。

（5）在管理上，完善相关政策，健全审核程序，规范操作流程，严格资产评估，建立健全股权流转和退出机制，确保员工持股公开透明，严禁暗箱操作，防止利益输送。

22号文意味着国有企业员工持股制度被提到了国企改革的前沿，并且相关政策规定发展到了实践操作的层面。

5. 2016年8月，国务院国资委下发的133号文专门针对国有控股混合所有制企业开展员工持股试点提出六个方面的明确意见：

（1）关于四个"坚持"的试点原则：坚持依法合规，公开透明；坚持增量引入，利益绑定；坚持以岗定股，动态调整；坚持严控范围，强化监督。

（2）关于试点企业四个条件：主业处于充分竞争行业和领域的商业类企业；股权结构合理，非公有资本股东所持股份达到一定比例，公司董事会中有非公有资本股东推荐的董事；公司治理结构健全，建立市场化的劳动人事分配制度和业绩考核评价体系，形成管理人员能上能下、员工能进能出、收入能增能减的市场化机制；营业收入和利润90%以上来源于所在企业集团外部市场。

（3）关于企业员工入股：明确了持股员工的范围，不倡导全面全员持股；明确了出资形式、入股价格，并要求员工入股价格不得低于经核准或备案的每股净资产评估值（国有控股上市公司员工入股价格按证券监管有关规定确定），员工持股总量原则上不高于公司总股本的30%，单一员工持股比例原则上不高于公司总股本的1%（国有控股上市公司员工持股比例按证券监管有关规定确定）；实施员工持股后，应保证国有股东控股地位，且其持股比例不得低于公司总股本的34%等。

（4）关于企业员工股权管理：明确了员工所持股权一般应通过持股人会议等形式选出代表或设立相应机构进行管理；实施员工持股，应设定不少于36个月的锁定期。在公司公开发行股份前已持股的员工，不得在公司首次公开发行时转让股份，并应承诺自上市之日起不少于36个月的锁定期。锁定期满后，公司董事、高级管理人员每年可转让股份不得高于所持股份总数的25%。企业及国有股东不得向持股员工承诺年度分红回报或设置托底回购条款。持股员工与国有股东和其他股东享有同等权益，不得优先于国有股东和其他股东取得分红收益等。

（5）关于试点工作实施：明确各省、自治区、直辖市及计划单列市和新疆生产建设兵团可分别选择5～10户企业，国务院国资委可从中央企业所属子企业中选择10户企业，开展首批试点，并且规定了试点企业的审批及备案流程和组织领导工作。

（6）关于组织领导：明确提出首批试点原则上2016年年内启动，2018年末前进行阶段性总结并视情况适度扩大试点。

6. 2016年11月，国务院国资委下发了《关于中央企业所属10户子企业开展员工持股试点的通知》（国资发改革〔2016〕293号），经过国务院国资委改革局综合评估择优选定，确定了中央企业下属首批十家中央企业员工持股试点企业，包括中国神华集团有限公司所属宁夏神耀科技有限责任公司（筹备）、中国机械工业集团有限责任公司所属中国电器科学研究院有限责任公司、中粮集团有限公司所属中国茶叶有限责任公司、中国宝武钢铁集团有限公司所属欧冶云商有限责任公司等，该通知要求各试点企业抓紧落实并在2017年6月1日完成工商登记或注册变更。该通知的下发意味着中央企业员工持股试点正式开始操作。

此外，为了引导鼓励上市公司员工持股，同时保障员工的权益，2012年8月，中国证监会发布了《上市公司员工持股计划暂行管理办法》，2014年6月，中国证监会发布了《关于上市公司实施员工持股计划试点的指导意见》，构成上市公司员工持股的法规指引。

从以上政策法规演进中可以看到：（1）国有企业员工持股总是与

国有企业股份制改革、大中型企业主辅分离辅业改制、国有企业混合所有制改革等不同阶段的国有企业改革主题密切相随。（2）国有企业员工持股持续处于不断试点和不断规范、提升过程中，相关实践经验和理论研究在不断地向重点问题聚焦。总之，党和国家相关政策和法规在持续不断地明确员工持股的路径和发展方向，但具体针对员工持股的规范性文件还主要是 2008 年 9 月国务院国资委 139 号文、2010 年 9 月财政部与"一行三会"下发的 97 号文、2014 年 6 月证监会制定的《关于上市公司实施员工持股计划试点的指导意见》及 2016 年 8 月国务院国资委下发的 133 号文，以上规范性文件为国有企业开展员工持股提供了政策依据，让员工持股进入了发展的"快车道"，并激发了国有企业员工创新创造的新动力。目前，多个省市已经落地国有企业员工持股试点工作实施细则等因地制宜的相关规定。

二、员工持股的主要作用

（一）长效激励

人力资源是企业最宝贵的财富，也是企业创造价值增值的原动力，长效激励是员工持股的首要意义。

1. 员工持股是通过未来收益来激励员工，有利于进一步激发和调动骨干员工的工作积极性和潜能，实现长效激励的目的。

2. 员工持股以员工出资方式实现，不受制于公司费用管理，实现对公司骨干员工大力度激励的同时，不增加企业人工成本。

3. 员工持股提供了骨干员工参与公司决策的制度基础，便于公司骨干员工充分施展才华并获得自身发展。

4. 员工持股赋予骨干员工利润共享权利，在一定程度上提升骨干员工的经济和社会地位。

5. 创新经济需要员工知识技能的积累，员工持股有利于增强员工对于企业的责任感、忠诚度，加强骨干员工队伍的稳定性，持续提升公司核心竞争力。

（二）改变单一资本结构

员工持股改变了国有企业单一资本结构，丰富了国有企业混合所有制改革的投资主体，更是遏制"内部人控制"行为的有效途径。通过企业内部员工实现所有者的身份，在一定程度上解决了所有者缺位的问题，保证了员工参与公司治理、监督经营层各种经营管理行为，增强了公司治理的经济民主，有利于公司治理机制的优化和公司价值最大化的实现。

（三）有益于社会再分配

"中共十八届三中全会明确把员工持股置放在混合所有制改革的整体设计中，显示了不同于以往的开阔视野，它不仅鲜明地传递了在公有制主体地位基础上实现各种所有制经济'共赢'的信息，而且使得普通劳动者与私有资本、外资资本等非公有制资本所有者一样，获得参与投资、分享利润的机会。"① 因此，员工持股制度对于社会再分配有重要的影响，并且有利于缓和劳资关系和贫富差距，也在国有企业管理中践行了党的十九大"创新、协调、绿色、开放、共享"中"共享"的发展理念。

三、员工持股的基本原则

（一）员工持股的法定原则

1. 坚持依法合规，公开透明。

依法保护各类股东权益，严格遵守国家有关法律法规和国有企业改制、国有产权管理等有关规定，确保规则公开、程序公开、结果公开，杜绝暗箱操作，严禁利益输送，防止国有资产流失。不得侵害企业内部非持股员工合法权益。

---

① 沈文玮. 经济民主视角下的混合所有制员工持股分析 ［J］. 现代经济探讨, 2015（5）: 26 - 29.

目标企业操作中应当根据相关法律法规，切切实实地做好过程公开和规则公开。一方面，应制定详尽的方案并报请出资人和有关部门审批，尤其是改制后国有股东不再控股的，必须严格履行有关审程序；另一方面，要进一步健全责任追究机制，对通过违法评估、低价转让等不法行为导致国有资产流失的人员必须依法严厉查处，不能姑息养奸，任其逍遥法外。

2. 坚持增量引入，利益绑定。

主要采取增资扩股、出资新设方式开展员工持股，并保证国有资本处于控股地位。建立健全激励约束长效机制，符合条件的员工自愿入股，入股员工与企业共享改革发展成果，共担市场竞争风险。

3. 坚持以岗定股，动态调整。

员工持股要体现爱岗敬业的导向，与岗位和业绩紧密挂钩，支持关键技术岗位、管理岗位和业务岗位人员持股。建立健全股权内部流转和退出机制，避免持股固化僵化。

4. 坚持严控范围，强化监督。

严格试点条件，限制试点数量，防止"一哄而起"。严格审批程序，持续跟踪指导，加强评价监督，确保试点工作目标明确、操作规范、过程可控。

（二）员工持股操作中应当把握的实践原则

1. 平等协商、自愿持股的原则。

在员工持股关系中，员工是投资主体，企业是投资标的，两者都是平等的市场主体和独立的法律主体，企业应当尊重员工的持股意愿，包括是否参与持股和持股比例；员工持股是一个相互沟通、协商一致、达成合意的结果，企业应当在履行企业业绩及预测告知员工，持股方案（包括持股员工范围、持股比例、入股价格、股权流转、中介机构以及审计评估等重要信息）经职工代表大会讨论、审议等程序的基础上，与持股员工签署有关文件，保证员工充分的知情权、选择权和监督权，避免员工持股在开始时埋下纠纷的隐患。

2. 长期绑定、长远发展的原则。

一方面，员工持股是为了建立劳动者与所有者的利益共享机制，实现经营层、员工与股东的利益绑定，共享收益，共担风险，也是通过对经营层和员工未来收益的期待建立长期、长效的分享机制，促进经营层和员工积极性、凝聚力的加强，从而提高企业的劳动生产率和市场竞争力。另一方面，员工持股也是为了通过持股员工代表董事进入董事会等方式完善公司治理机制，相比传统体制中职工代表董事进入董事会更具有经济属性，对完善法人治理机制具有积极作用。

因此，在企业混合所有制改革、员工持股计划的制度设计和实施中要通过锁定期等措施避免员工只追求股票上市、抛售套现，员工持股成为典型的短期化投机行为的现象，确保持股员工将企业的长远发展与自己的未来利益形成共同体，达到促进利益长期共享、企业长远健康发展的目的。

3. 改革、发展、稳定、公平兼顾的原则。

国有企业混合所有制改革的同时涉及辅业或不良资产的剥离及业务和人员的重组，未进入混合所有制改革目标企业的员工将无法取得员工持股的机会，无法享受改革、发展的红利，但相关部分人员曾同等地为目标企业做过贡献。因此，混合所有制改革和员工持股应当通过依法解除劳动合同、依法进行劳动补偿、改制方案履行职工代表大会审议程序、非主业的二次混合所有制改革等各种方式处理好改革、发展、稳定和公平的关系。

第二节　员工持股十二个关键问题

一、员工持股范围

（一）关于员工持股范围的类型

持股员工范围实践中有三种类型：（1）全员持股，企业全体员工以股东身份分享发展效益、分担经营风险；（2）骨干员工持股，即科技骨干、业务骨干、管理骨干等关键员工持股，当然管理骨干也包括了企业高级管理人员；（3）高级管理人员持股，即仅企业的核心管理团队持股，这不仅是实现资本所有者和劳动者利益共同体的利益绑定，更是对高级管理人员经营管理行为的约束，迫使其为所从事的经济活动负责。

笔者认为，现代企业从"制造"走向"智造"，创新对现代企业的发展提出了很多新的挑战，人的因素在企业发展中占据了至关重要的地位。现代企业的竞争也更加精细化，几乎每个岗位都埋藏着竞争的生命力和新的生产力。因此，员工持股的范围不能过于窄小，否则大部分员工没有被纳入激励的范围，激励的总体效果会打折扣。

2016年133号文明确要求"员工持股要体现爱岗敬业的导向，与岗位和业绩紧密挂钩，支持关键技术岗位、管理岗位和业务岗位人员持股"。因此，该次员工持股试点不是全员持股，而是对技术骨干、管理骨干、业务骨干这三类员工设置持股计划，包括企业高级管理人员。

根据国务院国资委、财政部分别于2006年9月30日发布的《国有控股上市公司（境内）实施股权激励试行办法》（国资发分配〔2016〕175号）和2006年1月27日发布的《国有控股上市公司（境外）实施股权激励试行办法》（国资发分配〔2016〕8号）规定，国有控股上市公司股权激励对象原则上限于上市公司董事、高级管理人员以及对上市公司整体业绩和持续发展有直接影响的核心技术人才和管理骨干。

实践操作中，持股员工范围确定应当关注：（1）持股员工对目标企业价值观和文化的认同。价值认同才能真正"以身相许"，矢志不移。（2）持股员工真正具有人力资本的重要价值。目标企业应当因地制宜，结合特定企业、特定发展阶段对人力资源的需要，聚焦对企业业绩增长和持续发展有直接影响力的核心骨干。例如，处于转型阶段的企业，为推动国有企业的转型升级，应当考虑新拓展业务领域，如电商、营销等领域的人才及技术创新方面的核心人才的长期持股。

（二）员工持股范围确定应当考虑的因素

1. 国有企业员工持股可以"上持"，但不能"下持"。2008年国务院国资委《关于规范国有企业职工持股、投资的意见》明确规定："职工入股原则限于持有本企业股权。国有企业集团公司及其各级子公司改制，经国资监管机构或集团公司批准，职工可投资参与本企业改制，确有必要的，也可持有上一级改制企业股权，但不得直接或间接持有本企业所出资各级子企业、参股企业及本集团公司所出资其他企业股权。科研、设计、高新技术企业科技人员确因特殊情况需要持有子企业股权的，须经同级国资监管机构批准，且不得作为该子企业的国有股东代表。"

2. 我国《公司法》第二十四条规定："有限责任公司由五十个以下股东出资设立。"第七十八条规定："设立股份有限公司，应当有二人以上二百人以下为发起人，其中须有半数以上的发起人在中国境内有住所。"实践中，中国证监会等机构对于员工通过上述公司制企业、合伙制企业、资产管理计划等方式持股采取"穿透"原则计算股东，故上述规定对于拟上市的有限公司和股份有限公司的全员持股形成了实际上的法律上的限制。

3. 劳动关系。持股员工应当是企业的正式员工，与公司签订了劳动合同，具有法定劳动关系。借调人员、兼职人员、挂职人员、劳动派遣人员、劳务关系人员等其他用工形式，均不在持股员工范围内，以确保员工持股体现爱岗敬业的导向，并与岗位和业绩紧密挂钩，从而促进持股员工与公司的紧密联系及利益共享、风险同担等劳动力资本价值的实现。

4. 年龄与司龄。企业主要通过员工的历史贡献来考察员工对于企业的价值，因此，持股员工应当满足一定年限的司龄（如1年或2年以上），以确保公司对其业绩和能力的客观考察和认定；另外，持股员工应当满足距法定退休年龄一定年限（如3年以上），以确保股权长期激励的实效。

笔者认为，员工持股范围的确定应当有年龄与司龄的例外，应当把对企业过往业绩作出突出贡献的骨干纳入员工持股的范围，这是对历史贡献的认可。但员工持股制度毕竟不是对过往的奖励，而是一种对于未来的长期激励，更是对未来人力资源潜能的激发，所以持股员工应该是人力资本高附加值并能对企业未来发展产生积极影响的人。因此，企业在持股员工范围确定原则制定之初，应当"尊重历史，面向未来"，在特别条件下设计有年龄与司龄例外制度，促使目标企业通过股份持有新引进市场化人才和具有深厚经验积累的行业专家，从而历史贡献和未来潜能激发兼顾，促进目标企业长期健康发展。

5. 禁止持股情况。党中央、国务院和地方党组织、政府及其部门、机构任命的国有企业领导人员不得持股；目标企业控制股东以外的人员担任的外部董事一般不参与员工持股；国有企业纪委书记、监事（含职工代表监事）等需要保持独立性的职位人员不宜参与员工持股；直系亲属多人同在一家公司任职，只能一人持股。

《国有控股上市公司（境内）实施股权激励试行办法》规定，境内国有控股上市公司监事、独立董事以及由上市公司控股公司以外的人员担任的外部董事，暂不纳入股权激励计划。

二、员工持股途径

非上市的国有企业混合所有制改革，员工持股可以考虑主要通过以下三种途径进行。

（一）增资扩股

企业申请增加注册资本，新增部分由外部投资者和持股员工出资认购，企业的注册资本规模扩大。该种方式为目标企业注入了新的资金，增加了目标企业的现金流，改善了目标企业的资产负债比率，有利于促进目标企业的资本投入和规模扩张，提升国有企业行业整合的规模效应，更为重要的是发挥了国有资本的放大作用，目标企业国有股东用自身投入的少量资本撬动了目标企业整个注册资本数额的资本，国有资本的影响力和控制力得到提升。

（二）出资新设

国有企业、外部投资者和持股员工共同出资新设一家企业，三方以各自的出资额确定在新设企业的股权份额，新设企业是全新的市场主体，独立开展经营活动。该种方式除具有与增资扩股同等的优势外，新设企业没有历史遗留问题和旧体制的束缚，市场化理念和文化更容易在企业设立；新设公司往往重新任用和招聘经营层和员工，更容易市场化激励和约束机制的建立。

（三）存量转让

目标企业国有股东将其持有的一部分股权（份）出售给外部投资者和持股员工，从而引进外部投资者和员工持股，实现股权持有者的多元化。该种方式有利于目标企业的国有股东获得部分投资转让的资金，也是国有资本在部分领域减持或退出的一种方式。

但2016年133号文明确提出了"坚持增量引入，利益绑定"是员工持股试点的基本原则，因此，员工持股主要还是要采取增资扩股、出资新设方式开展，并保证国有资本处于控股地位。

三、员工持股比例

员工持股的比例与其对企业的关切度密切相关。一般而言，员工持股比例越高，员工对企业越关注，员工话语权也越大，员工对企业的影响力也越大。但目前实践中，除华为等人力资本密集型企业外，大多数国有企业员工持股的比例都比较低。2016年133号文明确规定，该次员工持股试点"员工持股总量原则上不高于公司总股本的30%，单一员工持股比例原则上不高于公司总股本的1%。企业可采取适当方式预留部分股权，用于新引进人才。国有控股上市公司员工持股比例按证券监管有关规定确定"。

2014年6月，中国证监会发布《关于上市公司实施员工持股计划试点的指导意见》，对上市公司员工持股比例明确规定："上市公司全部有效的员工持股计划所持有的股票总数累计不得超过公司股本总额的10%，单个员工所获股份权益对应的股票总数累计不得超过公司股本总额的1%。员工持股计划持有的股票总数不包括员工在公司首次公开发行股票上市前获得的股份、通过二级市场自行购买的股份及通过股权激励获得的股份。"

133 号文也同时要求，"实施员工持股后，应保证国有股东控股地位，且其持股比例不得低于公司总股本的 34%"。

笔者认为，在严格遵循上述规定的前提下，实践中员工持股比例的设置应当考虑以下三方面的因素。

第一，目标企业员工持股比例应当因地制宜、一企一策，结合目标企业实际情况包括发展战略定位、企业规模需求、股权分布情况、企业用工特点、员工持股意愿、员工资金条件以及外部投资者持股意愿等因素来确定。例如，南昌有色冶金设计研究院混合所有制改革采取了新设方式，管理技术骨干在新设成立的混合所有制企业持股 49%，主要是考虑到"设计院是人力资本型企业，管理技术骨干是企业发展最大的资源和无形资产，理应参与企业发展增量分配，应该获得较多股份"[1]，而且勘察设计行业发展快速，企业地处江西欠发达地区，管理技术骨干很容易流失等原因。

第二，企业应当根据未来业务发展、人员规划及人才发展的需求，在员工持股比例中拿出一部分合理预留，预留部分的股权（份）未来分期出资到位，用于分配给新引进的人才、新满足持股条件的员工以及需要增加持股比例的员工等。

第三，根据 2018 年 10 月 26 日新修改的《公司法》第一百四十二条规定，公司为将股份用于员工持股计划或者股权激励，可以收购本公司股份，但属于这种情形的，公司合计持有本公司股份数不得超过本公司已发行股份总额的 10%，并应当在三年之内转让或注销。该次《公司法》修改为股份公司员工持股提供了三方面法律制度层面的支持：（1）为员工持股增加了一个公司收购本公司股份的来源；（2）延长了公司为员工持股收购后持有的期限；（3）可以依据公司章程规定或股东大会授权，以 2/3 以上董事出席的董事会会议决议，而不再由股东大会决议。

另外，每个员工个人持股的份额的确定应当以公司业务战略发展的重要性为基础，结合员工的市场化岗位价值、个人业绩的历史表现、

---

[1] 厉以宁，程志强. 中国道路与混合所有制经济 [M]. 北京：商务印书馆，2014：262.

个人预期贡献度来分配。但总体应当坚持以岗定股，将员工持股份额与岗位职责、履职风险、工作业绩以及员工岗位对战略实现的重要性紧密挂钩，以岗位评价和个人能力评价的结果作为确定持股量的重要依据，这也是将管理和技术等人力资源资本化的过程。同时，对拓展国有企业新兴市场、促进企业技术创新具有较大影响的关键岗位人才，应在额度分配方面予以适当倾斜。

四、员工持股的定价

根据2016年6月国资委发布的《企业国有资产交易监督管理办法》(国务院国资委　财政部令第32号)第二条明确规定，企业国有资产交易应当遵守国家法律法规和政策规定，有利于国有经济布局和结构调整优化，充分发挥市场配置资源作用，遵循等价有偿和公开公平公正的原则，在依法设立的产权交易机构中公开进行，国家法律法规另有规定的从其规定。因此，员工持股也应当以不低于经核准或备案的资产评估结果为依据确定底价，在依法设立的产权交易所公开进行交易，从而通过公开、公平、公正的市场发现确定价格。2016年133号文明确规定："在员工入股前，应按照有关规定对试点企业进行财务审计和资产评估。员工入股价格不得低于经核准或备案的每股净资产评估值。国有控股上市公司员工入股价格按证券监管有关规定确定。"但133号文没有明确员工持股是否需要在产权交易所公开进场交易，实践中引进外部投资者的同时实施员工持股计划的企业，经过相关国有资产管理部门批准后，员工持股可以不进场交易，通过外部投资者进场交易对于目标企业的定价得到公允价格，再由企业员工按照经相关国有资产管理部门审批后的员工持股方案，同股同价、同股同权地来受让或增资，有利于减少员工持股操作流程、提高工作效率。

五、员工持股的出资形式和资金来源

根据2016年133号文的规定，员工入股应当主要以货币出资，并按约定及时足额缴纳；按照国家有关法律法规，员工以科技成果出资入股的，应提供所有权属证明并依法评估作价，及时办理财产权转移手

续。因此，员工持股的出资形式只有货币和科技成果，且能够提供所有权属证明并能够依法评估作价的科技成果主要是专利，没有取得专利授权的专有技术由于无法评估作价将无法作为出资。

另外，目标企业及其国有股东不得向员工无偿赠予股份，不得向持股员工提供垫资、担保、借贷等财务资助。持股员工不得接受与目标企业有生产经营业务往来的其他企业的借款或融资帮助。

在遵循前述规定的前提下，一般员工只能用自有资金和借贷资金出资，优点是法律关系简单，权责清晰，企业无须承担任何责任或风险，但员工持股的经济压力会很大，一定程度上会影响员工参与持股的积极性。实践中，部分企业组织员工统一以员工持有的股权做质押取得金融机构融资，但由于要负担利息，也加重了持股员工的压力。因此，持股员工只能与国有股东、外部投资者同舟共济、自力更生、艰苦奋斗，换取更优厚的分红来偿还贷款，另外，目标企业应当加强对员工的市场化激励，这是具备既减轻员工持股压力又实现优化国有企业激励约束机制的双重效果的良好举措。

六、员工持股平台

根据 2016 年 133 号文的规定，持股员工可以个人名义直接持股，也可通过公司制企业、合伙制企业、资产管理计划等持股平台持有股权。

员工以个人名义直接持股，股权关系简单明了，但在持股员工人数比较多的情况下，由于人数众多、股权分散、频繁变动、股权登记手续等会增加员工股权管理的成本，另外，员工直接持股的股权作为一项独立的股东权利，受到法律严格、有力的保护，劳动合同和公司内部规章制度对其制约的效力较弱，不便于公司统一管理。因此，笔者建议，在持股员工人数比较少的情况下，采用员工直接持股方式，一般不要超过10 人；在持股员工人数比较多的情况下，优先考虑采取员工持股平台的模式。

员工持股平台主要有以下几种。

（一）合伙制企业作为平台

1. 一般做法。

（1）严格按照《合伙企业法》的要求新设立有限合伙企业，作为员工持股的载体和平台，持股平台不得从事除持股以外的任何经营活动。

（2）有限合伙企业的出资人为持股员工，持股员工按照员工持股分配方案中所享有的持股比例计算的出资额以货币出资。

（3）有限合伙企业由普通合伙人和有限合伙人组成，普通合伙人行使合伙事务的执行权，负责有限合伙企业的经营管理，并对合伙企业债务承担无限责任；有限合伙人不对外代表合伙企业，也不直接参与企业经营管理，有限合伙人仅以其认缴的出资为限，对合伙企业债务承担责任。

（4）普通合伙人一般由公司员工持股管理委员会的成员或企业经营层出资设立有限责任公司担任。

（5）针对持股员工的退出、增持、加入等股权变动，在合伙协议中通过入伙、退伙等作出约定，将内部股权管理可外化为法律规则，以增强员工股权管理的法律效力。

2. 有限合伙企业作为员工持股平台的优势。

（1）便于股权集中管理。

（2）在税收方面避免双重征税，因为有限合伙企业只征收合伙人个人所得税，无须缴纳企业所得税。

3. 有限合伙企业作为员工持股平台的不足。

（1）有限合伙企业合伙人上限50人，持股员工超过50人就得设立若干有限合伙企业。

（2）普通合伙人行使合伙事务的执行权，包括享有合伙企业持有目标企业的股权的表决权，但普通合伙人一般由企业经营层或员工持股管理委员会的成员出资设立的有限责任公司担任，故实质企业经营层或员工持股管理委员会成员成为全体持股员工的表决代理人，在一定程度上提高了企业决策效率，但也削弱了员工真正参与公司治理的机制作用。

（二）公司制企业作为持股平台

持股员工出资设立公司制企业（一般为有限责任公司）作为持股平台，在公司章程中对持股员工的退出、增持、加入等股权变动作出约定，公司制企业法定代表人根据内部决策代表持股员工行使表决权。该方式也便于员工股权的管理，但不足之处在于：

（1）公司制企业分红受到很多限制。例如，《公司法》规定公司制企业必须提取15%的法定公积金和公益金后才能分配红利，且法定公积金只能用于弥补公司亏损、扩大生产规模、转为公司资本，这种限制影响了持股员工的收益权的及时、充分享用。

（2）存在多重纳税问题。持股员工分红前间接承担了目标企业所得税、平台公司所得税，分红后还需要承担个人所得税。

（3）有限公司出资人上限50人，持股员工超过50人就得设立若干有限公司。

七、员工持股管理机构

无论是员工个人直接持股还是通过合伙企业平台、有限责任公司平台持股，目标企业都应当组织员工设立员工持股管理委员会（以下简称管理委员会）。管理委员会是员工持股的日常管理机构，也是持股员工的自治机构。管理委员会由全体持股员工选举产生，该机构负责的主要事项如下：

1. 制定和修改员工持股相关方案、制度和实施细则等，将员工持股管理制度化、标准化。

2. 负责组织员工持股的日常管理，包括但不限于以下方面：

（1）员工持有股权的登记、过户和退出等手续；

（2）持股平台的设立、工商登记、变更及备案等；

（3）持股员工名册、股权登记证等文本的制作和管理。

3. 员工持股购股资金的筹备管理以及统一协调外部金融机构借款等工作。

4. 广泛听取员工对员工持股方案、制度等事项的意见和建议，并给出解释。

5. 审议并组织办理持股员工股权退出、增加等事宜。

6. 组织实施持股员工分红、缴纳所得税等事宜。

7. 对员工持股计划实施过程中的有关具体事项作出最终解释。

8. 董事会授权的与员工持股相关的其他工作。

笔者认为，管理委员会的人员构成最好是企业投资、财务、人力资源、法律等相关部门的专业人员，既有专业背景又熟悉公司情况，能议事，也能办事，会议组成最好为单数；但员工持股管理机构的设置应当扁平化，最好不要超过两级，一方面提高工作效率，另一方面尽可能地反映持股员工的意愿和利益，避免管理链条越长、信息损耗越大、管理效果越差。实践中，有的员工管理机构从持股员工大会到理事会再到管理办公室，甚至办公室还下设领导小组和工作小组，多层委托代理关系容易导致谁也不议事、谁也不定事、谁也不办事、谁也不负责任，员工的声音被层层代理所埋没。

八、锁定期

就员工个人而言，员工持股的目的是投资；但就国有企业混合所有制改革政策主旨和国有股东而言，员工持股顶层设计的初衷是实现资本与劳动者的利益绑定，谋求企业长远发展。所以员工持股计划应当设定锁定期来抑制短期持股套利行为，但锁定期不宜过长，过长的锁定期违背股权转让"意思自治"的私法自治原则和员工持股的自愿平等原则。

133 号文规定，实施员工持股，应设定不少于 36 个月的锁定期。在公司公开发行股份前已持股的员工，不得在公司首次公开发行时转让股份，并应承诺自上市之日起不少于 36 个月的锁定期。锁定期满后，公司董事、高级管理人员每年可转让股份不得高于所持股份总数的 25%。

根据上述规定，立法实质授权目标企业设置更长时间的锁定期，目标企业应当在员工持股方案、员工持股协议、合伙协议等法律文件中事先做好明确规定。

九、员工股权流转和退出

员工股权流转和退出除了上市后且锁定期届满后的二级市场出售，主要是指员工持股在企业上市前以及上市后锁定期内在员工内部由于员工岗位变化、离职等产生的内部封闭式流转。为了实现资本与劳动者利益的长期绑定，员工持股方案应当事先明确锁定期内的员工内部封闭式流转，封闭式流转即在锁定期内，员工不得转让所持有的股权，但持股员工因辞职、调离、退休、死亡或被解雇等原因离开本公司，或因为其他原因不再符合持股条件的，应在 12 个月内转让给持股平台或符合条件的员工，转让价格由双方协商确定，实践中转让价格往往由员工持股管理机构组织中介机构进行评估，根据评估值来确定。

员工在锁定期内转让给非公有资本股东或国有股东的，属于对员工持股方案的变动，需要履行相关审批程序；转让给非公有资本股东的价格由双方协商确定，转让给国有股东的价格不得高于上一年度经审计的每股净资产值。国有控股上市公司员工转让股份按证券监管有关规定办理。

因此，持股员工持有的股权是受限制的股权，在锁定期内员工应当承诺对其持有的股权不能私自处置，包括但不限于私自转让、交换、质押、抵偿债务等，在锁定期内持股员工只享有除处置权之外的权利，包括但不限于该等股权的投票权、分红权等。

十、红利分配

持股员工参与企业效益挂钩的红利分配，是促进员工利益与企业利益共绑的主要手段。对于非上市公司而言，红利分配是持股员工获取投资收益的最重要途径，只有保持持续稳定的分红，才能让员工保持稳定持股，避免因不看好企业未来发展而导致抛售股份。因此，企业的持续稳定发展并配合科学合理的分红政策，是确保员工持股制度长远发展的关键因素。

但员工持股企业也应根据股东短期收益与公司中长期发展的关系，

结合公司实际情况，合理确定利润分配方案和分红率。企业及国有股东不得向持股员工承诺年度分红回报或设置托底回购条款。持股员工与国有股东和其他股东享有同等权益，不得优先于国有股东和其他股东取得分红收益。

十一、动态调整

133 号文要求员工持股应当坚持以岗定股、动态调整，员工持股要体现爱岗敬业的导向，与岗位和业绩紧密挂钩，建立健全股权内部流转和退出机制，避免持股固化、僵化。因此，为了明确地传递激励导向并发挥实际的激励作用，目标企业在上市前应当建立动态调整、持续激励机制，建立"以岗定股、岗变股变、人离股转、长期持有、封闭运行"的机制。对于市场化引进的符合公司战略发展方向的人才、业绩突出或有其他重大贡献的已持股员工、岗位提升需要加大激励的员工等，应当进行持股比例的动态调整，动态调整通过离岗持股员工退出的股权或预留股权来进行授予。

十二、员工持股计划的终止

员工持股计划的终止有三种情形：一是全体员工自愿退出持有股权，一般由外部投资者收购或国有股东收购。二是因企业终止而终止，一般是指目标企业因经营亏损导致破产或解散、目标企业依法被责令关闭或者被撤销，以及目标企业依据法律规定或章程的约定解散，从而导致公司消灭发生的员工持股的终止。三是特别终止，指目标企业在发展过程中出现重大事件导致有必要终止员工持股的情况下，经目标企业履行内部决策程序后，持股员工将全部股权转让给特定股权受让主体。

但无论目标企业是破产、撤销还是依法解散，无论持股员工是个人直接持股还是通过平台持股，持股员工只以认缴出资额为限，按照出资比例对混合所有制改革企业债务承担有限责任。

除了上述十二项员工持股方案主要内容，员工持股方案还应当明确持股员工代表董事的产生程序、目标企业再融资时员工的参与方式以及其他应当明确的事项。

第三节　员工持股不可疏漏的情形

一、锁定期内股权退出的情形

锁定期内的员工持股退出应当针对不同情况，秉承不同理念，设计不同的制度规则。锁定期内的员工持股退出一般包括两种类型：

第一，岗位性退出，包括正式退休、合同期限届满不再续签、持股员工与目标企业协商一致解除合同，以及员工非因个人原因调至集团母公司或其他关联公司等情形。

第二，强制性退出，包括但不限于：（1）严重违反目标企业内部管理制度并造成重大损失的，如重大渎职行为、重大决策失误导致公司重大损失的，违规担保、从事竞业禁止行为的，擅自离职、违反保密义务造成公司重大损失的，等等。（2）触犯国家法律，被追究任何刑事责任的。（3）员工持股管理机构认定的其他有损于目标企业或员工持股平台利益的其他行为的。

相对岗位性退出，强制性退出的持股员工应当承担惩罚性的退出价格条件，具体由目标企业人力资源部门、财务部门提出建议，事前需要在员工持股方案中明确规定。

二、员工持股管理日常事务的约定

员工持股管理日常事务主要是管理服务和管理费用。管理服务包括：（1）聘请中介审计、评估；（2）持股平台的注册、年检；（3）分红付款；（4）税收代扣代缴；（5）持股员工名册管理等。实践中一般都由员工持股管理委员会决策，由员工持股管理委员会办公室执行。需要特别关注的是审计、评估机构的选择权，是由公司选择，还是由持股管理委员会选择，还是由转让、受让双方协商选择。笔者认为，从公平合理角度出发，应当由第三方持股管理委员会选择。

关于管理费用应当主要关注费用的承担。例如，封闭式转让的评估费用是由全体持股员工承担，还是由转让、受让员工承担？持股平台注册费用是由全体持股员工按照人头分担，还是按照持股比例分担？基于公平合理原则和自己责任原则，笔者认为评估费用应当由转让、受让员工双方各自承担一半的原则，由转让人和受让人按照其在所有同次转让股权中所占的比例分担，注册费用应当由全体员工按照持股比例来承担。

第四节　员工持股的困境

一、立法的困境

（一）缺乏统一、系统、规范的国家立法

《公司法》《证券法》的内容均没有员工持股相关规定，国务院各部委在不同时期下发的关于对国有企业员工持股的各类指导性意见，成为我国国有企业员工持股的主要政策法规依据，稳定性和系统性较差；各省市制定的当地行政性法规和规章又缺乏规范性。因此，导致各地实践不一、纠纷时有发生，影响了员工持股的积极性，并制约了员工持股制度的发展。

（二）缺乏相关制度设计支持

例如，现行立法对于公司股东人数的限制，对于以职工持股会或工会进行出资与社团法人属于非营利机构不符的限制性规定，导致员工持股平台的设立只得求助有限合伙企业、公司制企业或资产管理计划，但这些方式均存在程序复杂、费用增加等弊端。另外，对于员工持股没有税收方面的政策支持，在一定程度上影响了员工持股的积极性。

因此，笔者认为，全国人大应当在广泛调研、反复论证的基础上，在法律层面作出立法规划，对员工持股的总体思路、基本原则等作出统一规定；同时，加强员工持股相关政策法规立改废释工作，确保重要问题于法有据；在此基础上，各省级人大和地方政府再因地制宜地制定各地差异化的具体政策和方法，形成从国家到地方统领有章、稳定明确、操作有序的员工持股法律体系。另外，对于员工持股空缺的制度支持应当尽早建立。

二、资金的困境

国有企业员工长期以来没有享有市场化薪酬，导致员工持股计划在国有企业实施中，存在比较普遍的员工出资资金困难的现象。但2010年中国银监会颁发的《个人贷款管理暂行办法》和《流动资金贷款管理暂行办法》明确规定，银行贷款只能用于生产经营和个人消费，不得用于固定资产、股权的投资。因此，员工不能期待通过金融支持实现持股目的，员工持股积极性受到极大限制。

金融支持是员工持股推动的重要保障，从国内过往的员工持股实践案例来看，华为员工持股出资早期就曾获得深圳商业银行贷款的支持。

三、税收政策的影响

2015年1月1日，国家税务总局发布《股权转让所得个人所得税管理办法（试行）》，明确规定，包括出售股权、公司回购股权、IPO时的老股转让、股权被司法或行政强制过户、以股权对外投资或进行其他非货币性交易、以股权抵偿债务、其他股权转移行业七类情形需缴纳个人所得税，但二级市场的买卖暂缓征税。

2016年9月20日，财政部、国家税务总局发布了《关于完善股权激励和技术入股有关所得税政策的通知》（财税〔2016〕101号），但该通知重点只是对符合条件的非上市公司股票期权、股权期权、限制性股票和股权奖励实行递延纳税政策，即员工在取得股权激励时可暂不纳税，递延至转让该股权时纳税，股权转让时，按照股权转让收入减除股权取得成本以及合理税费后的差额，适用20%的税率计算缴纳个人所得税，且对适用对象和持股期限有明确的限定条件。针对上市公司股票期权、限制性股票和股权奖励也只是适当延长纳税期限。

因此，目前我国所有层面的立法给予员工持股税收优惠的政策极其有限，企业用于分红的资金为税后净利润，员工获得股票分红仍需要缴纳20%的股票红利所得税，多重纳税情形在一定程度上降低了员工持股的收益，进而影响了员工持股的积极性。美国、欧盟等员工持股制度发展比较成熟的成熟市场经济国家，通常对员工持股采取较大的税收优惠。

四、出资方式的困境

员工持股也是"以人为本""人力为本"现代企业管理理念的体现，人力资源从来都是企业最重要的资源。美国钢铁大王卡内基曾讲过，"如果把我的厂房设备、材料全部烧毁，但只要保住我的全班人马，几年以后，我仍将是一个钢铁大王。"2015年22号文也明确规定，优先支持人才资本和技术要素贡献占比较高的转制科研院所、高新技术企业、科技服务型企业开展员工持股试点，支持对企业经营业绩和持续发展有直接或较大影响的科研人员、经营管理人员和业务骨干等持股。

但我国《公司法》第二十七条规定，除了货币出资外，股东只可以用实物、知识产权、土地使用权等可以用货币估价并可以依法转让的非货币财产作价出资，因此非专利技术、劳务等由于难以用货币评估的资产则无法作为出资。另外，2016年133号文也明确规定，员工入股应主要以货币出资，并按约定及时足额缴纳；而实际操作中，各员工持股试点企业基本都谨慎操作、严格要求员工只能以现金出资，实践比立法更加局限。因此，员工出资方式的限制在一定程度上将员工持股中人力资本潜力的发掘效应打了折扣。

第六章 与国有资本联姻的特殊程序：
企业国有产权交易

第一节 企业国有产权交易的基本内容

一、企业国有产权的范围

企业国有产权类型包括：（1）股权；（2）物权，如生产设备、房产、在建工程及土地使用权等各种类型的自物权和他物权；（3）债权；（4）知识产权等各类合法权益。企业国有产权既包括财产性权利，也包括非财产性权利，如商号权。

另外，依据 2016 年 32 号令规定，国有产权的持有企业包括四种类型：（1）政府部门、机构、事业单位出资设立的国有独资企业（公司），以及政府部门、机构、事业单位、国有独资企业（公司）直接或间接合计持股为 100% 的国有全资企业；（2）政府部门、机构、事业单位、国有独资企业（公司）单独或共同出资，合计拥有产（股）权比例超过 50%，且其中之一为最大股东的企业；（3）上述（1）、（2）所述企业对外出资，拥有股权比例超过 50% 的各级子企业；（4）政府部门、机构、事业单位、单一国有及国有控股企业直接或间接持股比例未超过 50%，但为第一大股东，并且通过股东协议、公司章程、董事会决议或者其他协议安排能够对其实际支配的企业。

因此，混合所有制改革上述四类企业持有的上述四种产权类型均属于企业国有产权，均应当依据国家法律法规和政策的规定决策以及操作程序来组织进行产权交易。

二、企业国有产权交易的类型

（一）企业产权转让

企业产权转让指履行出资人职责的机构、国有及国有控股企业、国有实际控制企业转让其对企业各种形式出资所形成权益的行为。

（二）企业增资

企业增资指国有及国有控股企业、国有实际控制企业增加资本的行为，政府以增加资本金方式对国家出资企业的投入除外。

（三）企业资产转让

企业资产转让指国有及国有控股企业、国有实际控制企业的重大资产转让行为。

三、企业国有产权交易的条件

混合所有制改革与员工持股涉及的存量股权转让以及增资都属于广义的国有产权交易，企业国有产权交易应当满足六方面的条件。

（1）应当遵守国家法律法规和政策规定。

（2）有利于国有经济布局和结构调整优化。

（3）充分发挥市场配置资源作用。

（4）遵循等价有偿和公开、公平、公正的原则。

（5）国有企业国有产权交易应当在依法设立的产权交易机构中公开进行，不受地区、行业、出资或者隶属关系的限制，国家法律法规另有规定的从其规定。

（6）企业国有资产交易标的应当权属清晰，不存在法律法规禁止或限制交易的情形。已设定担保物权的国有资产交易，应当符合《中华人民共和国物权法》《中华人民共和国担保法》等有关法律法规规定。

四、企业国有产权交易的主要方式

2016 年 32 号令明确规定，产权转让信息披露期满、产生符合条件的意向受让方的，按照披露的竞价方式组织竞价；竞价可以采取拍卖、招投标、网络竞价及其他竞价方式，且不得违反国家法律法规的规定。北京产权交易所发布的《北京产权交易所企业国有产权转让操作规则》（2016 年 12 月 1 日起实施）第二十一条明确规定，竞价方式包括网络竞价、动态报价、拍卖、招投标及其他竞价方式。另外，国家法律法规规定了特殊情况下的协议转让。

（一）协议转让

协议转让是指产权交易双方通过平等协商确定交易内容、交易价格，签订《产权转让合同》，从而完成产权交易过程的产权交易方式。这种交易方式一般是在交易主体比较单一、明确，或交易标的（目标企业）所涉及情况比较特殊的情况下实施的。对这种协议转让方式的应用，2016 年 32 号令明确限定了七种情形（见本章第二节）。

（二）拍卖

拍卖是指以公开竞价的形式，将特定物品或财产权利转让给最高应价者的买卖方式。产权转让信息披露期满、产生符合条件的意向受让方的，按照披露的竞价方式组织竞价，竞价可以采取拍卖方式，但采取拍卖方式进行企业国有产权交易的，应当按照《中华人民共和国拍卖法》及有关规定组织实施。

（三）招投标

招投标方式是指产权转让方（招标人）根据转让标的的具体情况，提出一定的标准或条件，向潜在受让方（投标商）发送投标邀请的行为。采取招投标方式的，必须有两个以上受让方，并按照国家的有关规定组织实施。交易所是招投标活动的组织方，负责招投标活动的组织、协调、监督和指导，招投标活动由招标代理机构具体实施。评标由评标委员会负责。

评标委员会一般由交易所、招标代理机构会同招标人，根据转让标的具体情况，按照公平、公正和专业对口原则，定向邀请相关领域专家和招标人代表组成，成员为 5 人以上的单数，其中招标人代表人数不得超过总人数的 1/3。

（四）　网络竞价

网络竞价是指产权转让信息发布期满，产生两个及以上符合条件的竞买人，由产权交易机构依据《产权转让公告》的相关约定和产权标的具体情况，通过产权交易机构建立的网络竞价系统，组织竞买人竞争受让转让标的的行为。网络竞价的方式主要包括多次报价、一次报价、权重报价等。

与拍卖、招投标等传统的竞价方式相比，电子竞价具有以下优点：（1）竞价程度加深；（2）无须拍卖师，减少了对竞价过程的人为控制；（3）实现意向受让方分离；（4）没有观众席影响，最大限度地减少了场外人员的干扰；（5）交易过程更加客观，操作更加规范；（6）降低了交易成本。

（五）　动态报价

动态报价是指产权转让信息正式披露（以下简称信息披露）公告发布次工作日零时起，由交易所依据公告中的相关约定，组织竞买人通过交易所指定的动态报价系统竞争受让转让标的的行为。交易所是动态报价的组织方，为动态报价活动提供相关服务，维护动态报价活动的正常秩序。选择以动态报价方式转让企业国有产权的项目，转让方不得设置受让方资格条件。

获得受让资格确认的意向受让方随即成为竞买人。竞买人凭借有效的用户名和密码即可登录动态报价系统进行报价。动态报价的起始价不得低于转让标的的转让底价，动态报价采用加价的方式进行，各竞买人每次的有效报价为当前报价加上该次动态报价活动设定的加价幅度的整数倍。自由报价期内，各竞买人的每次有效报价随即成为当前报价。在每个限时报价周期内，如出现新的有效报价，则进入新的限时报价周期；在一个限时报价周期内如未出现新的有效报价，则当前报价方成为该次动态报价活动的最高报价方。一般该最高报价方即为受让方。

五、企业国有产权交易的基本程序

（一）企业产权转让的基本程序

1. 企业国有产权转让应当依法履行内部决策程序。转让方应当按照企业章程和企业内部管理制度履行决策程序，形成书面决议。一般国有独资企业的产权转让，应当由总经理办公会议审议。国有独资公司的产权转让，应当由董事会审议。2016年32号令第五十九条明确规定，企业国有资产交易应当严格执行"三重一大"决策机制。国资监管机构、国有及国有控股企业、国有实际控制企业的有关人员违反规定越权决策、批准相关交易事项，或者疏忽职守、以权谋私致使国有权益受到侵害的，由有关单位按照人事和干部管理权限给予相关责任人员相应处分；造成国有资产损失的，相关责任人员应当承担赔偿责任；构成犯罪的，依法追究其刑事责任。

2. 转让方应当按照企业发展战略做好产权转让的可行性研究和方案论证。产权转让涉及职工安置事项的，安置方案应当经职工代表大会或职工大会审议通过；涉及债权债务处置事项的，应当符合国家相关法律法规的规定。

3. 国有产权转让审批程序。实践中，混合所有制改革的国有企业往往不是单一公司，目标企业往往在完成企业内部决策后，应当依法上报国有资产监督管理机构或具有审批权限的国有资产监督管理机构所出资的企业审批。

4. 财务审计。产权转让事项经批准后，由转让方委托会计师事务所对转让目标企业进行财务审计，涉及参股权转让不宜单独进行专项审计的，转让方应当取得转让目标企业最近一期年度审计报告。

5. 资产评估。在财务审计的基础上，按照有关法律法规要求必须进行资产评估的产权转让事项，转让方应当委托具有相应资质的评估机构对转让标的进行资产评估，产权转让价格应以经核准或备案的评估结果为基础确定。评估报告必须经核准或者备案后，才能作为确定企业国有产权转让价格的参考依据。

6. 转让底价确定。产权转让项目首次正式信息披露的转让底价，不得低于经核准或备案的转让标的评估结果。如果信息披露期满未征集到意向受让方，可以延期或在降低转让底价、变更受让条件后重新进行信息披露。转让方可以在不低于评估结果90%的范围内设定新的转让底价，重新进行信息披露。降低转让底价或变更受让条件后重新披露信息的，披露时间不得少于20个工作日。新的转让底价低于评估结果的90%时，应当经转让行为批准单位书面同意后，重新进行信息披露。

另外，转让项目自首次正式披露信息之日起超过12个月未征集到合格受让方的，应当重新履行审计、资产评估以及信息披露等产权转让工作程序。

7. 公告披露。转让方应当将产权转让公告委托产权交易机构在产权交易机构的网站上公开披露，公开披露有关企业国有产权转让信息，广泛征集受让方。产权转让正式披露时间不得少于20个工作日，按照北京产权交易所（以下简称北交所）操作规则的规定以北交所网站发布次日为起始日。

公告披露实践中存在以下几种特殊情况：

（1）因产权转让导致转让目标企业的实际控制权发生转移的，转让方应当在转让行为获批后10个工作日内，通过产权交易机构进行信息预披露，预披露时间也不得少于20个工作日。转让方在履行完毕信息预披露相关程序后，方可进行产权转让信息正式披露。

（2）在规定的公告期限内未征集到符合条件的意向受让方，且不变更信息公告内容的，转让方可以按照产权转让公告的约定延长信息公告期限，每次延长期限应当不少于5个工作日。未在产权转让公告中明确延长信息公告期限的，信息公告到期自行终结。

（3）根据北交所操作规则的规定，信息披露公告期间，转让方不得擅自变更公告中的内容和条件。因转让方原因确需变更公告内容的，转让方应当取得转让行为批准单位书面同意；变更受让方资格条件的，还应当完成同级国资监管机构备案手续。公告内容变更后，由北交所在网站上重新发布信息披露公告，并重新计算公告时间。因非转让方原因或其他不可抗力因素导致可能对转让标的价值判断造成影响的，转让方应当及时调整补充信息披露公告内容，并相应延长公告时间。

（4）交易项目在信息发布期间中止的，恢复交易后的继续信息公告期限不得少于 10 个工作日，在北交所网站上的累计公告期不得少于 20 个工作日。

（5）信息披露公告期间出现影响交易活动正常进行的情形，或者有关当事人提出中止公告书面申请和有关材料后，交易所可以作出中止信息披露的决定。根据北交所规定信息披露中止期限由北交所根据实际情况设定，一般不超过 30 日。北交所应当在中止期间对相关的申请事由或者争议事项进行调查核实后，及时作出恢复或者终结信息披露的决定。如恢复信息披露，在北交所网站上的继续公告时间不得少于 10 个工作日，且累计公告时间不少于 20 个工作日。

（6）信息披露公告期间出现致使交易活动无法按照规定程序正常进行的情形，并经调查核实确认无法消除时，交易所可以作出终结信息披露的决定。

8. 确定交易价格和受让方。产权转让信息公告期满后，只产生一个符合条件的意向受让方的，意向受让方应在交易所组织下进行报价，报价不得低于转让底价。该报价为项目的成交价格。

产权转让信息公告期满后，产生两个及以上符合条件的意向受让方，采用拍卖、网络竞价中一次报价或多次报价方式竞价的产权转让项目，竞买人的最高出价为项目的成交价格；采用招投标方式竞价的产权转让项目，中标人的投标价格为项目的成交价格；采用网络竞价中权重报价方式竞价的产权转让项目，综合得分最高者报出的受让价格为成交价格。

最终形成的项目成交价格，不得以付款方式等任何条件进行打折、优惠；另外，在产权交易过程中，当交易价格低于评估结果的 90% 时，应当暂停交易，在获得相关产权转让批准机构同意后方可继续进行。

9. 签署产权转让合同。企业国有产权转让成交后，转让方与受让方应当签订产权转让合同。产权交易合同的主要内容有：（1）转让与受让双方的名称与住所；（2）转让目标企业国有产权的基本情况；（3）转让目标企业涉及的职工安置方案；（4）转让目标企业涉及的债权、债务处理方案；（5）转让方式、转让价格、价款支付时间和方式及付款条件；（6）产权交割事项；（7）转让涉及的有关税费负担；（8）合同争议的解决方式；（9）合同各方的违约责任；（10）合同变更和解除的条件；（11）转让和受让双方认为必要的其他条款。

签署产权转让合同需要注意事项前置审批，例如，产权转让导致国有股东持有上市公司股份间接转让的，应当同时遵守上市公司国有股权管理及证券监管相关规定；企业产权转让涉及交易主体资格审查、反垄断审查、特许经营权、国有划拨土地使用权、探矿权和采矿权等政府审批事项的，按照相关规定执行；受让方为境外投资者的，应当符合外商投资产业指导目录和负面清单管理要求，以及外商投资安全审查有关规定。因此，根据上述要求需要履行前置审批才能生效的合同，应当及时遵照相关规定履行前置审批程序。

10. 支付交易价款。受让方应当按照产权转让合同的约定支付交易价款，转让价款原则上应当自合同生效起 5 个工作日内一次付清。如金额较大、一次付清确有困难的，可以采取分期付款的方式。采取分期付款方式的，受让方首期付款不得低于总价款的 30%，并在合同生效之日起 5 个工作日内支付；其余款项应当提供转让方认可的合法有效担保，并应当按同期银行贷款利率向转让方支付延期付款期间利息，付款期限不得超过 1 年。

担保人应提供其营业执照副本复印件、章程、内部决议、近期财务报表及转让方、受让方与担保人的三方协议；担保人对外担保额不得超出其净资产，转让目标企业不得作为担保人。

需要注意的是：（1）交易所实行交易资金统一进场结算制度，开设独立的结算账户，组织收付产权交易资金。（2）交易双方为同一实际控制人的，经交易所核实后，交易资金可以场外结算。（3）受让方交纳的交易保证金可以根据约定转为产权交易价款。（4）交易资金一般以人民币进行结算；以外币结算的，交易双方应当提前向交易所提出申请，并以外汇管理部门限定的外币币种结算。（5）产权交易资金不得由交易所以外的第三方代为收付。

11. 交易凭证取得和交易结果公告。产权交易合同生效，并且受让方按照合同约定支付交易价款后，产权交易机构应当及时为交易双方出具交易凭证。实践中，交易所出具交易凭证的前提还包括交易双方向交易所支付完毕服务费用。

交易所在出具产权交易凭证后，应当将交易结果通过网站对外公告，公告内容包括转让标的名称、转让标的评估结果、转让底价、交易价格等，公告期不少于5个工作日。

12. 办理产权登记。企业国有产权转让成交后，转让和受让双方应当凭产权交易机构出具的产权交易凭证，按照国家有关规定及时办理相关产权登记手续。

（二）企业增资的主要程序

上海联合产权交易所（以下简称联交所）专门制定颁布了《企业增资业务规则（试行)》《企业增资择优确定投资人操作流程》《企业增资业务受托机构工作指引》《企业增资评审专家管理操作流程》等比较完善的关于企业增资进场交易的相关规定，下面以联交所相关规则为范例来梳理企业增资的进场交易程序。

根据联交所相关规则，联交所应当为参与企业增资活动的各方主体提供受理增资申请、发布增资信息、登记投资意向、组织择优活动、出具增资凭证等服务。企业增资与企业产权转让在履行内部决策、上报审批、审计、评估、出具交易凭证等方面大同小异，企业增资相对产权转让还有一些具有特殊性的程序，主要包括以下几点。

1. 发布增资信息公告。

增资人在联交所实施增资活动的，应当公开发布增资信息公告。增资信息公告包括预公告和正式公告。增资人认为正式公告条件成熟，可直接申请增资信息正式公告。

增资人在向联交所申请增资信息正式公告时，应在其提交的增资方案中明确择优确定投资人的方式；且增资人应按所选择的择优确定投资人的方式制定择优方案。当合格意向投资人合计认购数量超过增资人设定的增资额上限时，增资人应根据本操作流程和择优方案开展择优确定投资人的活动。

增资方案的主要内容包括但并不限于下列内容：（1）增资人主要业务及近年财务数据等基本情况；（2）增资人的估值情况；（3）投资人的资格条件、增资条件、尽职调查的期限、择优确定投资人方法及增资后企业法人治理结构安排等；（4）增资人增加资本金的用途及主要风险因素等；（5）后续工作进度时间安排；（6）其他需要披露的事项。

联交所将增资信息预公告或正式公告在其网站及相关媒体上发布，征集意向投资人。增资信息预公告发布期限不少于 10 个工作日；正式公告发布期限不少于 20 个工作日。增资信息公告以网站发布之次日为起始日。

2. 投资意向登记。

意向投资人可以在增资信息预公告或正式公告期间向联交所登记投资意向。增资人一般应在增资信息正式公告期满后 10 个工作日内，按照公告所载的投资人资格条件，以书面形式将所有登记的意向投资人的资格确认意见提交联交所。联交所收到增资人对意向投资人资格确认的书面意见后，及时以"意向投资人资格确认通知"的形式分别告知所有意向投资人。

3. 尽职调查。

意向投资人可对增资人进行尽职调查，双方应当签署保密协议。增资人应当对意向投资人开展的尽职调查工作予以配合。增资人可对意向投资人进行尽职调查，并按照增资信息公告要求意向投资人补充相关材料，意向投资人应当予以配合。

4. 确定投资主体。

增资人在增资信息公告中可以单独或组合选用竞价、竞争性谈判、综合评议等投资人择优确定方式。

（1）竞价方式。

①采用竞价方式确定投资人的，增资人应在《增资信息正式公告》中同时发布择优方案，明确竞价方式、确定增资价格的方法、确定最终

投资人及其认购数量的规则及相关责任声明等内容。

②竞价方式分为一次报价法和多次报价法。

一次报价法是指合格意向投资人书面承诺接受《增资信息正式公告》规定的条件后，在规定的时间内通过联交所网络竞价系统等向联交所提交一次报价，由增资人根据报价结果，按照择优方案中载明的规则确定增资价格、最终投资人及其认购数量的方法。

多次报价法是指合格意向投资人书面承诺接受《增资信息正式公告》规定的条件后，在规定的报价时间内登录联交所网络竞价系统进行动态递增报价，由增资人根据报价结果，按照择优方案中载明的规则确定最终投资人、增资价格的方法。

另外，根据《增资信息正式公告》中的规定，合格意向投资人可以部分认购标的的，应采用一次报价法确定投资人；单一合格意向投资人须全额认购标的的，可以采用一次报价法或多次报价法确定投资人。

（2）竞争性谈判方式。

①采用竞争性谈判方式确定投资人的，增资人应在择优方案中明确意向投资人竞投文件的形式和内容要求、谈判要点、谈判程序、谈判小组的评审规则，确定最终投资人及其认购数量和增资价格的规则等内容。

②增资人负责组建谈判小组，并采取必要措施保证谈判过程及谈判小组评议过程在严格保密的情况下进行。谈判小组由增资人代表和专家组成，成员为单数，其中专家的人数不得少于成员总数的1/3。谈判小组组建完成后，应当共同推举一位成员为组长，负责谈判工作的组织和协调。

③合格意向投资人根据择优方案要求制作竞投文件，在择优方案规定的截止时间前密封送达联交所，对逾期提交的竞投文件不予接收。合格意向投资人应在竞投文件中承诺接受《增资信息正式公告》规定的全部要求和条件，对择优方案作出完全响应。

④谈判小组应对竞投文件的有效性、完整性和响应程度进行审查，未实质性响应择优方案的竞投文件按无效处理。

⑤谈判小组全体成员应当集中与合格意向投资人分别或同时进行

谈判，并给予所有参加谈判的合格意向投资人平等的谈判机会。

⑥谈判结束后，谈判小组应当要求所有参加谈判的合格意向投资人在规定时间内根据谈判结果提交最终报价（含认购价格、认购数量及其他承诺等内容）。未在规定时间内提交最终报价的，视为退出本次增资活动。最终报价是合格意向投资人竞投文件的有效组成部分。

⑦在合格意向投资人提交最终报价后5个工作日内，谈判小组应根据谈判情况及合格意向投资人最终报价情况进行集中评议并编写评审报告。评审报告应当由谈判小组全体成员签字。谈判小组成员对评审报告有异议的，谈判小组按照少数服从多数的原则确定最终投资人建议名单。

（3）综合评议方式。

①联交所是综合评议活动的组织者，负责组建综合评议小组，综合评议小组负责根据操作流程及择优方案的规定开展综合评议并确保综合评议合法规范、有序有效。

②综合评议小组由增资人代表和评议专家组成，成员为单数，其中增资人代表人数不超过成员总数的1/3。

③采用综合评议方式确定投资人的，增资人应在择优方案中明确综合评议的权重分值体系、确定最终投资人及其认购数量和增资价格的规则、综合评议的时间和程序安排、增资协议主要条款和相关责任声明等内容。

④权重分值体系由权重指标和指标分值构成。

权重指标一般包括竞投价格、价款支付方式、市场、技术、管理、资源等内容。权重指标一般应采用定量指标，确需采用定性指标的，该定性指标应明确、客观、易判断、具操作性。

指标分值可以由基本分值和增加分值构成。基本分值是指对于一个权重指标，竞投文件响应的条件接受或达到择优方案提出的条件时所应得到的分值。增加分值是指对于一个权重指标，竞投文件响应的条件优于择优方案提出的条件时相应得到的分值。设置基本分值的，基本分值一般不高于该指标分值的60%。结合项目具体情况，增加分值可细化成几个级次差异分值区间。竞投价格由认购价格和认购数量决定，竞投价格的指标分值一般不低于总指标分值的50%。

⑤合格意向投资人应根据择优方案的要求制作竞投文件，在竞投文件中承诺接受《增资信息正式公告》规定的全部要求和条件，对择优方案作出完全响应。

⑥联交所在择优方案规定的递交竞投文件截止日期次日起5个工作日内组织综合评议。由综合评议小组组长对综合评议分值进行汇总，形成综合评议分值清单，并将综合评议结果提交给联交所，联交所将综合评议结果反馈给增资人。

⑦增资人应在收到综合评议结果后3个工作日内根据择优方案和综合评议结果确定增资价格、最终投资人及其认购数量等，并将择优结果提交给联交所。

5. 发出《增资结果通知》。

无论采取上述哪种投资人确定方式，联交所应当在投资人择优结果确定后3个工作日内分别向参与增资活动的各方主体发出《增资结果通知》。

6. 签署增资协议。

增资人一般应在收到《增资结果通知》后10个工作日内，按照增资信息公告约定的增资条件及增资结果，安排新老股东等共同签订增资协议。

7. 出具增资交易凭证。

增资协议由联交所存入项目档案，联交所依据增资协议出具增资交易凭证，同时在网站公告增资结果，公告期不少于5个工作日。

第二节 产权交易应当注意的特殊问题

一、非公开协议方式交易的特别情形

（一）产权转让可以采取非公开协议转让的情形

1. 涉及主业处于关系国家安全、国民经济命脉的重要行业和关键领域企业的重组整合，对受让方有特殊要求，企业产权需要在国有及国有控股企业之间转让的，经国资监管机构批准，可以采取非公开协议转让方式。

2. 同一国家出资企业及其各级控股企业或实际控制企业之间因实施内部重组整合进行产权转让的，经该国家出资企业审议决策，可以采取非公开协议转让方式。

（二）增资可以采取非公开协议方式的情形

1. 因国有资本布局结构调整需要，由特定的国有及国有控股企业或国有实际控制企业参与增资。

2. 因国家出资企业与特定投资方建立战略合作伙伴或利益共同体需要，由该投资方参与国家出资企业或其子企业增资。

3. 国家出资企业直接或指定其控股、实际控制的其他子企业参与增资。

4. 企业债权转为股权。

5. 企业原股东增资。

上述 1、2 项需经同级国资监管机构批准才可以采取非公开协议方式转让，3、4 项经国家出资企业审议决策以采取非公开协议方式增资。

二、关于交易价格的特别规定

2006 年 12 月 31 日，国务院国资委、财政部联合发布的《关于企业国有产权转让有关事项的通知》（国资发产权〔2016〕306 号）明确要求，在产权交易市场中公开形成的企业国有产权转让价格，不得以任何付款方式为条件进行打折、优惠。

2016 年 32 号令明确规定：（1）无论转让股权还是增加注册资本，企业国有资产交易必须充分发挥市场配置资源的作用，遵循等价有偿、公开公平公正的原则，在依法设立的产权交易机构进行，并且产权转让的底价不得低于经核准或备案的转让标的评估结果，降低交易价格后低于评估结果 90% 时，应当经转让行为批准单位书面同意。（2）受让方确定后，转让方与受让方应当签订产权交易合同，交易双方不得以交易期间企业经营性损益等理由对已达成的交易条件和交易价格进行调整。

因此，在混合所有制改革和员工持股项目操作中要对于交易价格给予特别的关注。

三、企业增资与产权转让的比较

2016 年 32 号令相对于《国有企业产权转让管理暂行办法》（国务院国资委、财政部令第 3 号）进一步明确和拓展了应当在产权交易所公开进行的国有资产交易的类型，增加了企业增资和重大资产转让行为必须进场公开交易的规定，根据 2016 年 32 号令，企业增资与产权转让在程序上主要差别包括：

（一）披露期限的不同

根据 2016 年 32 号令的规定，产权转让方可以根据企业实际情况和工作进度安排，采取信息预披露和正式披露相结合的方式公开征集受让方，其中正式披露信息时间不得少于 20 个工作日；但企业增资通过产权交易机构网站对外披露信息公开征集投资方的，时间不得少于 40 个工作日。

（二）披露内容的不同

根据 2016 年 32 号令的规定，增资披露内容除了目标企业基本情况、股东结构（股权结构）与产权转让共性同类事项，还要披露拟募集资金金额、增资后的企业股权结构以及募集资金用途。另外，产权转让只需要披露目标企业最近一个年度审计报告和最近一期财务报表中的主要财务指标数据，但增资需要披露近三年目标企业审计报告中的主要财务指标。

（三）受让方和投资方资格条件的设置要求不同

产权转让原则上不得针对受让方设置资格条件，确需设置的，不得有明确指向性或违反公平竞争原则，所设资格条件相关内容应当在信息披露前报同级国资监管机构备案，国资监管机构在 5 个工作日内未反馈意见的视为同意。但对于增资的投资方资格条件设置，相关立法没有明确的限制。

（四）交易方确定方式不同

依据 2016 年 32 号令的规定，产权转让在信息披露期满且产生符合条件的意向受让方时，应当按照披露的竞价方式组织竞价，竞价可以采取拍卖、招投标、网络竞价及其他竞价方式；但增资通过资格审查的意向投资方数量较多时，除了可以采用竞价方式，还可以采取竞争性谈判、综合评议等多种方式进行多轮次遴选。产权交易机构负责统一接收意向投资方的投标和报价文件，协助企业开展投资方遴选有关工作。企业董事会或股东会以资产评估结果为基础，结合意向投资方的条件和报价等因素审议选定投资方。

（五）交易对价支付方式不同

产权转让的交易价款应当以人民币计价，且一般应当通过产权交易机构以货币进行结算；但增资中投资方可以非货币资产出资的，只需要经增资企业董事会或股东会审议同意，并委托具有相应资质的评估机构进行评估，确认投资方的出资金额。

四、关于重大资产转让的特别规定

混合所有制改革中往往涉及资产重组及不良资产的剥离和转让，企业国有资产转让根据相关规定资产转让的具体工作流程参照关于企业国有产权转让的规定执行，但在资产转让中应当注意以下几点问题：

第一，股权转让和增资无论多大金额，都应当在产权交易机构公开进行（法律法规有其他规定的除外），而资产的转让，2016 年 32 号令明确规定是"一定金额以上"的生产设备、房产、在建工程以及土地使用权、债权、知识产权等资产对外转让，应当按照企业内部管理制度履行相应决策程序后，在产权交易机构公开进行。

第二，国家出资企业负责制定本企业不同类型资产转让行为的内部管理制度，明确责任部门、管理权限、决策程序、工作流程，对其中应当在产权交易机构公开转让的资产种类、金额标准等作出具体规定，并报同级国资监管机构备案。

第三，转让方应当根据转让标的情况合理确定转让底价和转让信息公告期：（1）转让底价高于100万元、低于1000万元的资产转让项目，信息公告期应不少于10个工作日；（2）转让底价高于1000万元的资产转让项目，信息公告期应不少于20个工作日。

第四，除国家法律法规或相关规定另有要求外，资产转让不得对受让方设置资格条件。

第五，资产转让价款原则上一次性付清。

五、关于其他股东优先购买权

优先购买权涉及国有企业混合所有制改革中股权结构的动态设计和国有股东控制权的保障，需要在交易文件中做好提前考量。《公司法》第七十二条规定："经股东同意转让的股权，在同等条件下，其他股东有优先购买权。"但该条也同时规定："公司章程对股权转让另有规定的，从其规定。"因此，有限责任公司其他股东的优先认购权也是章程可以另行约定的。但基于有限责任公司的人合性质，企业国有产权转让中目标企业为有限责任公司的，大多转让方以外的其他股东具有优先购买权。另外，目标企业为股份有限公司或其他经济组织，但在其章程或协议中规定了优先购买权相关内容的，也应当在产权交易中履行优先认购权程序。

根据《北京产权交易所企业国有产权转让股东行使优先购买权操作细则》（自2016年12月1日起施行）的规定，其他股东行使优先购买权包括场内行权和场外行权两种方式。场内行权指产权转让信息正式披露公告期内其他股东向北交所提出受让申请，交纳交易保证金，并有权在同等条件下就标的非股东意向受让方的最终报价当场表态行使优先购买权的方式。场外行权指在信息披露公告期内未向北交所提出受让申请，或未交纳交易保证金的其他股东，就非股东意向受让方的最终报价，在规定的期间内，在同等条件下有权以书面形式表态行使优先购买权的方式。

其他股东优先购买权行使的具体操作，包括以下若干关键环节：

第一，转让方提交信息披露申请前，应就股权转让事项按照公司章程的规定书面通知其他股东，相关内容均已在目标企业股东会决议或其他股东协商文件中载明的，转让方可不再另行通知。

第二，涉及目标企业其他股东未放弃优先购买权的，转让方在提交《产权转让信息披露申请书》时，应向北交所书面承诺以下内容：

（1）转让方已按照北交所相关细则的规定履行了通知及征询其他股东的义务。

（2）将在《产权转让信息披露公告》发布之日起5日内就信息公告内容、行权期限、方式及后果等通知其他股东。

（3）愿意遵守法律法规及北交所相关交易规则，并承担未尽通知义务造成的法律后果。

第三，其他股东选择场内行权的，应在信息披露公告期内向北交所提出产权受让申请，提交《产权受让申请书》及附件等纸质文档材料，并按照规定交纳交易保证金。

第四，信息披露公告期满后只征集到其他股东的，按下列情形处理：

（1）若只有一家其他股东选择场内行权，该股东将作为受让方与转让方按照北交所相关规定履行成交手续。

（2）若两个及两个以上其他股东选择场内行权，由场内行权的其他股东通过竞价确定受让方，但转让方与场内行权的其他股东一致同意以协商方式确定受让方的情形除外。

第五，信息披露期满后同时征集到其他股东和非股东意向受让方的，则按下列情形处理：

（1）产生一个非股东意向受让方，且只有一个其他股东场内行权的，由非股东意向受让方在转让底价的基础上，再进行一次报价，该报价即为最终报价。场内行权的其他股东，就最终报价在同等条件下当场表态是否行使优先购买权。场内行权的其他股东当场未表态的，视为放弃优先购买权。

（2）产生两个或两个以上非股东意向受让方，且只有一个其他股东场内行权的，则由非股东意向受让方按照信息披露公告确定的竞价方式进行竞价。场内行权的其他股东，就竞价产生的最终报价在同等条件下当场表态是否行使优先购买权。场内行权的其他股东当场未表态的，视为放弃优先购买权。

（3）若场内行权的其他股东为两个及两个以上的，就（1）、（2）项所述情形，由非股东意向受让方先行产生最终报价后，场内行权的其他股东就最终报价在同等条件下当场表态是否行使优先购买权。两个及以上其他股东当场表态行使优先购买权的，应协商确定各自的购买比例，协商不成的，按照各自的出资比例行使优先购买权。

第六，选择场内行权的其他股东已受让或行使优先购买权的，转让方不再征询未进场的其他股东意见。

第七，信息披露公告期满，征集到符合条件的非股东意向受让方，但未产生场内行权的其他股东或者场内行权的其他股东均放弃行权的，转让方应在目标企业非股东意向受让方的最终报价结果产生后3个工作日内，以书面形式向未选择场内行权的其他股东征询其是否行使优先购买权，并告知要求行权的股东在规定的期间内应向北交所办理行权事宜。

第八，选择场外行权的其他股东应在收到转让方征询文件之日起30日内，按照转让方的要求通知北交所，并提交受让申请及交纳交易保证金，逾期未提交受让申请及交纳交易保证金的，视为放弃行使优先购买权。

第九，场外行权的其他股东明确表示放弃行使优先购买权或逾期未表态的，则报出最终报价的非股东意向受让方成为受让方。

第十，场外行权的其他股东要求行权的，按下列情形处理：

（1）若只有一个其他股东要求行权，该股东将作为受让方与转让方按照北交所相关规定履行成交手续。

（2）若有两个及两个以上其他股东要求行权，由其他股东采取协商方式确定，协商不成的，按照各自的出资比例行使优先购买权。

第十一，转让方应将征询其他股东是否行使优先购买权的书面文件及送达证据提交北交所备查。需要注意的是：转让方要求其他股东只能以场内行权方式行使优先购买权的项目，应当取得目标企业所有未放弃优先购买权的其他股东的同意，或者向交易所就其要求其他股东只能场内行权作出自愿承担相应法律责任的书面承诺。

六、关于联合体受让

转让方或目标企业应在公告中明确表示是否接受联合体受让或增资，并对联合体各方应当具备的资格条件提出要求。若转让公告中没有载明的，视为接受联合体受让或增资。两个及以上法人、自然人或者其他组织可以组成一个联合体，以一个意向受让方的身份参加产权交易。联合体应满足转让方或目标企业在公告中提出的受让方资格或投资人条件。联合体各方应签订联合协议，明确各自受让或增资比例等，并可委托其中一方作为联合体的代表，办理产权受让或增资相关事项。

七、关于竞价交易方式选择

竞价交易方式的选择应与项目特点相适应，转让标的或增资目标企业产权清晰、资产形态和股权结构简单，对受让方条件没有特别要求且交易条件以转让价格为主要考量因素时，适宜选择拍卖方式或网络竞价方式的多次报价、一次报价确定受让方。混合所有制改革引进非公有投资者和员工持股往往较为复杂、对受让方的战略定位和行业地位及资信状况要综合各方面因素考量，交易能否成功，除考虑价格因素外，还要结合资源互补、战略协同、管理提升及职工安置、债权债务处置等相关安排时，适宜选择招投标方式或网络竞价方式的权重报价确定受让方。

第七章 确保联姻利益的法律实现：交易协议

企业混合所有制改革需要通过一系列法律文件达成交易事项并固化交易、改制成果，促成资本联姻从事实关系转化为法律关系，得到法律的保护。此类法律文件包括投资协议、投资条款清单、债权债务清单、对赌协议、保密协议、投资意向书、承诺函、补充协议等，其中投资协议是最核心的文件，其本质是对投资各方、目标企业的共同约束，通过签订投资协议约定投资各方、目标企业的权利、义务和责任，以防范、控制投资风险，保护外部投资者与原有股东（包括国有股东）以及目标企业的权益。本章首先以投资协议为主进行论述，对赌协议是投资协议的组成部分，由于其重要性和特殊性，单独作为一节来论述；然后再分别论述保密协议、意向书等。

根据引进外部投资者方式的不同，投资协议表现为收购协议（外部投资者收购原国有股东的股权）和增资协议（外部投资者以增加目标企业注册资本的形式投资）。无论收购还是增资，其本质都是利用一定的经济价值换得目标企业的股权，因此，收购协议和增资协议主要条款的主旨基本一致，且收购协议内容往往比增资协议更为宽泛，因此本章投资协议的内容将以收购协议为主兼顾增资协议而论述其主要条款。

第一节 投资协议主要条款

外部投资者在投资目标企业时通常会关注两方面权益：一是价值，包括投资时的价格和投资后的回报；二是控制，即投资后如何通过监管目标企业的运营保障外部投资者自己的利益。因此，投资协议的核心条款包括投资收益保障条款和控制权条款两大类，投资收益保障条款主要包括优先分红权条款、清算优先权条款、回购条款、反稀释条款、对赌条款、出售权条款等；控制权条款主要包括公司治理结构条款、一票否决权条款、竞业禁止条款、信息披露条款等。其中，控制权条款往往会成为混合所有制改革后新公司章程的主要内容。

近年来，随着中国资本市场的不断发展与完善，交易结构日趋复杂化，投资协议的形式逐步多样化，内容也更加丰富和个性化。

一、交易界定条款

投资协议首先要对交易本身进行一个界定，这个界定往往反映的是交易结构，主要内容为股权转让比例或增加注册资本的数额，或者是通过合并完成收购，或者是外部投资者与原国有控制股东新成立股权多元化的混合所有制公司等，在该条款中往往也会明确股权转让或增资等交易完成后，目标企业各股东新的持股比例。

二、价格条款

（一）价格的体现形式

交易价格在投资协议签署时必须是明确的，当然可以是固定价格，也可以是浮动价格。浮动价格一般是在交割日需要调整的价格或者交割后根据约定的情况需要调整的价格。浮动价格使得外部投资者和目标企业或转让方在协议签署到交割日或交割后的某个条件下，可以按照协议的约定对价格进行调整，主要是使外部投资者买方和原有股东卖方可以对这段时间的公司业绩和风险进行分摊，或弥补外部投资者因为信息不对称导致的损失等。但无论是固定价格还是浮动价格，均应当是在依法设立的产权交易所公开交易形成的价格条件。

交易各方往往经各方谈判在投资协议中可以约定自评估基准日至交割日，其间的税后利润（以下简称期间损益）由新老股东共享，按照交易完成后实缴出资比例分配；也可以约定由老股东或新股东单独享有。目标企业和国有股东往往会选择在预期盈利的情况下约定由原国有股东享有，在预期亏损的情况下争取由双方共同享有，当然，其间公司仍然由原国有控制股东控制，而且在外部投资者尚未介入公司管理的情况下，由原国有控制股东享有更为公平。但如果交割期间比较长，协议约定外部投资者在支付对价后交割前就享有股东权利的，实践中可以约定新老股东共同享有。

（二）价款支付方式

价格条款是投资协议最主要的核心条款。现金支付或出资是最常见的对价支付方式，股权及其他资产的置换也是对价支付的方式之一，现金支付相对资产置换更为简单和便于操作。

由于从协议签署到交割日往往需要一定时间，其间股权的价值处于持续变动中，因此股权置换方式的对价条款需要花精力进行设计和谈判，以保证混合所有制改革中国有股权的保值增值。股权置换支付有固定股权比例和固定价格两种方式。

1. 固定股权比例。协议明确约定置换的股权比例。在这种情况下，由于股权价值不断变动，实际支付的对价会和预计的对价产生偏差，假设期间买方外部投资者股权价值下降，买方外部投资者则在交割日以较低的价值换取了较高的价值，但卖方目标企业控制股东无法要求买方外部投资者拿出更多的价值相当的股权（在混合所有制改革中国有股东的利益将被损害），反之亦然。

2. 固定价格。协议明确约定了股权对应的价值，但双方置换的股权比例或数量是不确定的，在这种方式下，交割日交易双方取得的经济利益没有因股权价格波动受到影响，但持股比例将不确定，假设期间目标企业股权下降，则卖方将拿出更多股权比例或数量置换买方外部投资者的股权，将会降低卖方原国有控制股东对目标企业的持股比例。对于国有股东必须控股一定比例的混合所有制改革案例，这一点应当充分注意。

实践中为了避免上述情况，大家会采取设定上下限的方式。针对固定股权比例，协议约定一个买方外部投资者股权价值涨跌的上下限，超过这一界限部分无效，则保证了目标企业控制股东不会由于买方股权下跌收到过少的经济利益，也防止了买方外部投资者不会因为股权上涨而支付过多的经济利益。针对固定价格方式，协议约定一个买方外部投资者股权价值涨跌的上下限，有助于防止股权比例过分稀释或牟取过多的利益。

在混合所有制改革中，如果采取股权置换的方式进行对价支付，需要关注：（1）上下限的约定导致的支付对价的变动不能违反国有资产交易中有关外部投资者包括员工入股价格不得低于经核准或备案的每股净资产评估值的要求。（2）上下限的约定对于目标企业股权的稀释，不能违反混合所用制改革有关国有股东控股比例的要求，以及员工持股总额和单个员工持股比例的要求。

（三）价款支付时间

投资协议一般会约定在投资协议生效日（各方签署并自审批机关批准之日）后若干个工作日内，外部投资者通过产权交易所支付全部股权转让价款和增资价款，并约定外部投资者延迟支付的补足义务和延迟付款违约责任。如果在混合所有制改革的同时，实施员工持股计划的，需要对员工持股的付款进行特别约定。

需要特别关注的是2016年32号令明确规定了转让价款原则上应当自合同生效起5个工作日内一次付清。如金额较大、一次付清确有困难的，可以采取分期付款的方式。采取分期付款方式的，受让方首期付款不得低于总价款的30%，并在合同生效之日起5个工作日内支付；其余款项应当提供转让方认可的合法有效担保，并应当按同期银行贷款利率向转让方支付延期付款期间利息，付款期限不得超过1年。

三、陈述与保证条款

（一）陈述与保证条款的作用

1. 在交割前，外部投资者即买方如果发现目标企业或转让方的陈述与保证条款不准确、真实，则外部投资者即买方可以拒绝交割或提出解除协议。

2. 任一方违反了陈述与保证条款，如果在赔偿条款中有所涉及，另一方有权提起赔偿。

3. 任一方严重违反了陈述与保证条款，致使协议履行无法实现预期的商业目的，另一方有权提出解除协议。

4. 在交易技术上，陈述与保证条款的起草和谈判是对尽职调查的促进和深化，面对买方即外部投资者提出的详细的陈述与保证条款的压力，目标企业/转让方会选择提前披露相关信息，促进尽职调查的深度和广度。

（二）陈述与保证条款的主要内容

1. 目标企业/原国有控制股东的陈述和保证。

（1）合法设立和授权。目标企业及其子公司根据适用法律合法设立并有效存续，具有在所有重大方面开展其经营活动的权利和授权。目标企业的注册资本数额均符合适用法律，且已足额缴清，不存在出资不实、抽逃出资等任何违法违规行为。目标企业和原国有控制股东有权签署、交付和履行交易文件，代表目标企业和原国有控制股东签署交易文件的人已经获得所有必要的授权。

（2）目标企业资本。不存在任何优先权、期权、认购权证、可转换证券，或者其他合同、安排或承诺，导致目标企业有义务或者有可能有义务发行、让与或转让任何目标企业的股权；截至本协议签署日，原国有控制股东尤其国有股东持有的目标企业股权未设置任何权利负担。

（3）批准和同意。针对国有企业混合所有制改革，尤其需要约定除审批机关批准及原国有控制股东和目标企业就本次交易需取得的国有资产监管部门的批准/备案之外，原国有控制股东和目标企业签署、交付和履行交易文件不需要再行取得任何其他政府机构或者第三方的同意、批准、豁免，或向任何第三方发出通知。

（4）无冲突证明。原国有控制股东和目标企业签署、交付和履行交易文件不会违反、抵触其组织性文件的任何规定；以取得审批机关批准及原国有控制股东和目标企业就本次交易需取得的国有资产监管部门的批准/备案为前提，不会违反、抵触任何中国法律或政府法令；不会违反、抵触原国有控制股东和目标企业作为一方且具有法律约束力的任何合同或协议。

（5）资不抵债。据原国有控制股东和目标企业所知，不存在针对目标企业采取的任何措施将其清算、宣告破产、宣布资不抵债或就其资产或业务指定清算委员会。

（6）财务信息。目标企业向外部投资者提供的目标企业合并财务报表，是根据中国会计准则编制，在所有重大方面公允地反映了目标企业及其纳入合并子公司经营成果、现金流量和财务状况。上述财务报表的内容均为真实、有效的，且没有任何可能对本协议所述之交易造成实质性影响的重大遗漏或隐瞒。

（7）知识产权。目标企业合法享有自己的知识产权，未侵犯他人权利，且不存在被第三方侵权的情形。

（8）劳动事务。目标企业依法与员工签署劳动合同，依法为员工缴纳各项保险和住房公积金，且不存在任何潜在劳动纠纷。

（9）遵守法律规定。目标企业从过去到本协议签署之日持续遵守各项法律且不受任何法律责任的约束。

（10）没有诉讼的证明。目标企业从过去到本协议签署之日没有任何还未判决或可能发生的诉讼。

2. 目标企业/原国有控制股东陈述和保证应当注意的事项。

（1）在陈述与保证条款中以肯定的方式明确没有任何问题的存在，对存在或可能存在的问题以披露函的方式进行陈述与保证条款的例外，防止收购协议以工商备案等方式公开，从而影响公司商业秘密的控制。

（2）最好设计"无其他陈述与保证"条款，对陈述和保证的范围进行限制，如要求买方即外部投资者承认并同意，"除了在本条中作出的陈述与保证，原国有控制股东、目标企业或其关联方，或其各自的代表都没有作出或曾经作出任何明示或暗示的有关目标企业的陈述与保证"。

（3）最好对赔偿义务进行限制，如约定"除了《投资协议》约定的原国有控制股东、目标企业的赔偿义务及需要承担的赔偿责任外，原国有控制股东、目标企业或其关联方，或其各自的代表都不应该因向外部投资者、其关联方或代表提供的有关目标企业、其子公司、其资产和业务的信息（包括外部投资者接触到的其他口头或书面的信息、文件或材料）而对外部投资者或其他人承担责任或赔偿义务"。

（4）对陈述与保证事项的期间进行控制，买方即外部投资者往往希望目标企业或原国有股东陈述与保证事项的期间更长，但目标企业或原国有股东仅对过去的事项和目前的现状进行陈述与保证，不对未来做陈述与保证，因此，需要明确陈述与保证的具体时点，一般会约定为收购协议签署之日或在收购协议中明确约定一个以前的时间点。

（5）重要、知情、定量、司法管辖权等都是目标企业或原国有控制股东降低陈述与保证条款责任风险的条款措施，如约定"据卖方所知情，目标企业一直遵守中华人民共和国法律"，则回避了卖方所不知情的目标企业违法情形和目标企业违反其他国家法律的情形。

3. 外部投资者的陈述和保证。为了保证交易的合法、顺利完成，外部投资者需要各自向原国有控制股东和目标企业进行陈述和保证，如下：

（1）设立和授权。该外部投资者根据适用法律合法设立并有效存续，具有拥有、经营和租赁其资产及在所有重大方面开展其经营活动的权利和授权。该外部投资者有权签署、交付和履行交易文件，并为此采取了必要的行为，代表该外部投资者签署交易文件的人已经获得所有必要的授权。本协议及其他交易文件经正式签署并获得所有必要的批准后，将对其构成有效的具有约束力的协议，可按照其条款对该外部投资者强制执行，但受破产除外的限制。

（2）批准和同意。除审批机关批准之外，该外部投资者签署、交付和履行交易文件不需要取得任何政府机构或者第三方的同意、批准、豁免或向任何第三方发出通知。

（3）无冲突。该外部投资者签署、交付和履行交易文件不会违反、抵触其组织性文件的任何规定；以取得所有审批机关批准为前提，不会违反、抵触任何中国法律或政府法令；不会违反、抵触该外部投资者作为一方且具有法律约束力的任何合同或协议。

（4）资金来源。该外部投资者拥有充足且合法的资金来源，使其能够根据本协议的条款和条件以其合法持有的现金或股权支付股权转让价款或增资价款，且不存在针对该外部投资者采取的任何措施将其清算、宣告破产、宣布资不抵债或就其资产或业务指定清算委员会，从而影响本协议项目对价支付的情形。

（5）诉讼及未决事项。截至本协议签署日，没有未决的行动或据该外部投资者所知，不存在对该外部投资者产生威胁的、寻求或合理预期将会阻止或实质损害或延迟本次交易的行动。

四、承诺事项

承诺事项是交易双方关于交割前和交割后采取或不能采取的行为的约定。承诺事项一般包括三大类：

（一）确保公司正常运营的承诺

原国有控制股东应当承诺从协议签署到交割日期间维持公司正常运营，确保公司在外部投资者（买方）介入前得到适当管理。协议一般从积极承诺和禁止性行为两方面描述：

1. 积极承诺。原国有控制股东应当确保目标企业作为持续经营实体按照一般正常业务过程经营运作其现有主营业务，其性质、范围或方式均不得中断或改变，以确保目标企业的商誉、经营和业务不会发生重大变化。例如：（1）确保目标企业的组织机构和业务机构的完整和持续，保持目标企业管理人员及技术团队的人员稳定。（2）积极维护目标企业与当地政府良好关系，维持目标企业的各项经营许可和资质持续有效和依法享有的税收优惠等。

2. 禁止性行为。在一定期间内（评估基准日或协议签署日至交割日内），除事先获得外部投资者（买方）书面同意之情形外，目标企业未采取且不会采取，同时原国有控制股东应保证目标企业未采取且不会采取部分行为。例如：

（1）修订章程，对现有组织机构和管理人员进行重大调整，订立、终止或实质性修订与其董事或高级管理人员的聘用安排。

（2）在目标企业主营业务之外，订立标的金额超过上年度已审计净利润5%~10%（或其他协商比例）的协议或承诺；或订立可能导致目标企业主营业务发生重大变化或实质性妨碍目标企业经营其主营业务的协议或承诺。

（3）在目标企业截至本协议签署之日有效的年度预算之外借贷任

何款项，或在目标企业的全部或部分股权、资产、收益或权益上设定或允许存在以任何第三方为受益人的任何权利负担。

（4）通过一项或多项或一系列交易（不论是否为关联交易），直接或间接出售、出租、转让或以其他方式处置目标企业的资产（目标企业为从事主营业务之目的销售公司产品、存货等除外）和业务。

（5）按照明显比既往优惠的条款和条件向任何客户提供服务，或参与明显不符合公平商业惯例的任何交易（为明确起见，包括但不限于与其关联方进行的关联交易）；或取消、放弃包括对第三方的债权、索赔在内的任何求偿权。

（6）兼并收购、向任何公司进行股权、股票、证券及债券等资本性支出的投资、与任何其他人合并、并入其他人、以任何方式对目标企业的资本结构进行重组或调整、收购或同意收购任何业务或资产（目标企业为从事主营业务之目的采购原料、生产设备等除外）。

（7）与任何股东、董事、高级管理人员或职员及各自的关联方之间订立新的关联交易协议，或进行任何已向外部投资者（买方）披露的关联交易以外的新的关联交易，以及支付分红、提高员工薪酬、改制税务会计规则和惯例等。

（二）尽最大努力达成交易的承诺

一般要求交易双方与其他各方通力配合并尽其合理最大努力协助交易尽可能快捷地达成，为此，各方需要作出以下行动。

1. 签署或促使签署合理必要的进一步文件，以及采取或促使采取合理必要或适当的进一步行动，以有效履行交易文件条款及其所述的交易。

2. 尽合理最大努力促使投资协议规定的交割条件尽快满足，促使交割尽快完成。

3. 尽合理最大努力尽快取得所有审批机关批准，并从所有第三方取得对实现交易文件项下交易所需的必要的批准等。

（三）特殊承诺事项

1. 交易双方一般会在承诺事项中对于交易完成后的内部治理机制

包括董事会的构成和议事规则进行约定。

2. 在国有企业混合所有制改革项目中，一般外部投资者会要求原国有控制股东对目标企业在交割前尚未完成的资产重组（包括知识产权授权或重组）进行承诺。

3. 外部投资者也会主张在交割后一定期限内原国有控制股东承诺解决其与目标企业核心员工共用兼职的问题，尤其原国有控制股东与目标企业的同业竞争问题（同业竞争往往也是交易双方都要承诺的事项），以及解决交割日前已经存在但短期内难以解决的历史遗留问题。

确保公司正常运营的承诺、尽最大努力促成交易的承诺都是交割前承诺事项，往往构成交割的前提条件；特殊承诺事项往往是交割后承诺事项，经常导致赔偿责任的发生。

五、交割条款

（一）交割日

股权转让类型的投资协议一般约定为协议生效或工商变更登记完成之日为交割日。增加注册资本类型的投资协议一般约定出资到目标企业账户或完成工商变更登记之日为交割日。

在交割日为工商变更登记完成之日的情况下，由于投资协议前置审批生效后到工商变更登记完成需要一段时间，尤其是引入外资的还要有商务部门审批生效的行政审批生效条件，商务部门审批之前，外部投资者必须在产权交易所支付完全部价款或增资款项，并取得交易所出具的交易凭证，所以，外部投资者支付价款或增资款项后，距离交割日会有比较长的时间，在这种情况下，实践中也可约定自外部投资者全额支付股权转让价款之日开始行使股东权利。

（二）交割的先决条件

交割的先决条件是交易双方要完成交易必须存在的情形，一般包括：

1. 所有交易文件已经依法、适当签署。

2. 交易已获得目标企业股东，目标企业内部、外部投资者内部决策机构批准；交易已经获得具有审批权限的国有资产管理部门或授权部门的有效批准；交易已获得全部所需的政府监管部门的批准或同意，包括但不限于商务部门已经批准目标企业由内资公司变更为中外合资企业。

3. 陈述与保证持续准确。由于协议签署到交割日之间有时间的间隔，间隔期间目标企业、原国有控制股东和外部投资者在交易文件中所做的陈述和保证的内容会发生变化。一方面，情况可能会比签约时的陈述与保证更加消极；另一方面，也可能比签约时的陈述与保证有了改善。签约是交易双方确定价格的时间点，是以陈述与保证为前提进行的，交割日是交易双方针对交易标的实现股权转移的时间点，只有陈述与保证持续保持真实、准确和完整，外部投资者（买方）才能确定取得了与交易对价相当的股权，否则外部投资者（买方）有权拒绝交割或要求调整价格或在赔偿的前提下进行交割。也正因为此，在交割日应当有一个跟进陈述，对陈述与保证内容在交割日的情形进行检验。

另外，遵循承诺事项、获得第三方同意（国有企业混合所有制改革往往涉及目标企业金融债权人的同意）、没有司法判决或裁定、影响交割的诉讼及在外部投资者（买方）希望原管理层留任的情况下签署长期雇用协议等也往往是交割前需要完成的前提。

六、赔偿条款

（一）赔偿条款的分类

赔偿条款一般分为两类：一是因原国有控制股东或目标企业违反其陈述与保证条款而承担的赔偿；二是外部投资者（买方）与原国有控制股东就特别事项专门约定的赔偿。一般情况下，税务问题、员工"五险一金"或住房公积金（尤其目标企业是民营企业的情况下）等或有债务是专门赔偿的内容，在国有企业混合所有制改革项目中，目标企业由于历史原因无偿划拨地、房地产瑕疵等往往是专门赔偿的内容。实践中，外部投资者（买方）和目标企业或原国有控制股东都会对或有负债的风险进行评估，在或有负债比较确定且外部投资者（买方）同意的情况下，双方也可以选择调整交易对价，从而外部投资者（买方）放弃赔偿条款的保护。

（二）赔偿条款设计中需要注意的问题

1. 时间限制。针对陈述与保证的赔偿，由于外部投资者进行了充分的尽职调查，且有自己行为自己负责的法律原则，另外法律规定了诉讼时效，因此往往会约定一个期限，如原国有控股股东仅在交割后 2 年或 3 年内具有赔偿的义务。

2. 赔偿损失的范围。守约方有权要求违约方对其全部直接损失承担赔偿责任，"直接损失"一般包含因目标企业产生损失，外部投资者作为目标企业股东按比例受到的损失；间接损失一般不作为赔偿损失的范围；守约方为取得赔偿支出的诉讼成本，目标企业可以主张根据法院的判决进行承担，不要事先纳入赔偿的范围。

3. 赔偿金额的限制。为促进交易公平公正，一般还约定赔偿的各种限制：（1）最高限额。例如，各方同意任一守约方可从违约方获得的损失赔偿总额最高不应超过其对应应付的股权转让价款/增资价款的 10%～30%（具体视违约方和守约方情况而定），一般情况下不超过 50%。（2）免赔额。例如，根据目标企业规模，发生单个诉讼 1 万元以下的免除赔偿，但最近 12 个月内积累达到 20 万元的则不构成免除赔偿。

4. 履约保证金。虽然投资协议明确约定了陈述与保证条款和各种赔偿条款，但对于外部投资者（买方）而言，仍然不能确保原国有控制股东在没有诉讼和追讨的情形下自动履行赔偿义务。因此，实践中交易对价分期支付并在每个支付节点设置相关条件或在外部投资者（买方）支付价款中提取部分资金作为履约保证金，是一种行之有效的方法。履约保证金的提取比例根据交易规模和风险预估，由交易双方协商确定。

七、协议的终止

投资协议的终止是指如果在交割前出现了相关情形，且各方在一定期限内无法就该等情况达成书面一致意见，则对该情形没有责任的一方有权在交割前通知另一方终止投资协议。双方都没有责任的情况下，双方都有权通知对方提前终止协议。对终止情况负有责任的一方一般没有提出终止协议的权利。

（一）协议终止的情形

1. 交易任何一方违反了投资协议任何条款导致投资协议的目的无法实现。例如，外部投资者未按照投资协议的约定支付股权转让价款或增资价款；或非因外部投资者买方的原因，在投资协议约定的先决条件保持满足状态的前提下，目标企业和原国有控制股东没有完成交割手续且短期内无法完成等。

2. 任何一方违反了其声明、保证和承诺，导致其声明、保证和承诺在实质意义上不真实。

3. 任何禁止、阻止本协议项下交易完成的法律或者政府法令变为最终且在终止日前持续有效等。

（二）协议终止相关问题

1. 协议终止的损失赔偿。因协议终止致使协议一方遭受损失的，对协议终止负有责任的一方应当承担或赔偿另一方的损失。但实际操作中，投资协议一般都约定对重大的损失或因故意或过失导致的协议终止才进行赔偿。为了保证和督促违约方及时赔偿，减少守约方追讨的成本，协议一般会约定责任方承担惩罚性滞纳金。例如，约定责任方应于终止事件发生后一定期限内支付损失赔偿，如迟延支付的，每迟延一日，责任方应向守约方支付相当于应付赔偿金同期活期银行存款利息（利息期从应付未付之日起，至实际支付之日止）的滞纳金。

2. 协议终止的效力范围。投资协议中可以约定，协议终止后部分条款包括终止的效力、终止赔偿、争议解决、保密、通知、适用法律等条款仍然有效，另外，投资协议针对一方终止的，其他交易文件也应当对该方终止。

3. 缓冲期约定。为了保证商业交易尽可能完成，减少磋商成本导致的社会经济成本，投资协议一般对于协议终止情形规定一定的缓冲期，违约方如果能在一定期限内解决，则不触发守约方协议终止的权利。

八、知情权条款

外部投资者一般会在投资协议中要求目标企业在一定期限内向外部投资者提供合并年报、合并月报或合并季度报表。

为保证目标企业正常经营活动的同时，又满足外部投资者的合理知情权，一般应当设定外部投资者应当在若干个工作日提前通知，在不影响目标企业正常运营的前提下，外部投资者向公司特定机构提出请求，由特定机构合理安排行权的具体时间、地点，以此保证外部投资者可以获得目标企业业务、财务和运营相关信息。

如果目标企业同意外部投资者可以聘请审计师、财务顾问和律师进行查阅，由此产生的中介费用，由目标企业承担还是由此外部投资者承担，应当有明确的约定。

九、法律适用和争议解决条款

法律适用和争议解决条款是投资协议的标准条款，因此实践中大家往往会忽略其重要性，而实际上这一条款非常重要，因为不是所有的交易都是可以顺利达成的。

如果涉及境外外部投资者的情况下，一般选择仲裁比诉讼将更有利于执行，且如果交易涉及价格调整机制的情况下，仲裁也比诉讼更为包容和注重交易双方意思自治。在大多数情况下，投资协议都会选择仲裁作为解决争议的方式。标准条款："交易文件适用中华人民共和国（不含香港、澳门、台湾）法律。任何一方可将争议提交中国国际经济贸易仲裁委员会，按其届时有效的仲裁规则在北京进行仲裁。仲裁裁决是终局的，对各方均有约束力。"

十、其他条款

（一）分红条款

在国有企业混合所有制改革中，外部投资者尤其财务外部投资者一般会提出分红权的约定。稳妥的做法是约定目标企业分红比例原则上应不低于当年合并口径的归属目标企业可分配净利润的一定比例，具体由董事会根据目标企业届时经营情况和发展需要审议决定，以保证各方股东处理好股东短期收益与公司中长期发展的关系，由董事会根据公司发展战略，合理确定利润分配方案和分红比率。

（二）外部投资者投资限制条款

如果国有企业混合所有制改革后拟近期上市，则应当对外部投资者的投资进行限制，要求在交割日后若干年限内，未经目标企业和原国有控制股东书面同意，外部投资者不得再投资于与目标企业存在竞争关系的任何第三方，以防止形成同业竞争，影响上市效率。

（三）转让限制条款

如果国有企业混合所有制改革后拟近期上市，则需要约定于交割日起若干年内，原国有控制股东均不得转让其持有的目标企业任何股权，也不得在其股权上设置抵押、质押、担保等任何第三方权益，以保证控制权的稳定性，除非该转让获得证券监督管理机构批准或不影响目标企业的上市。

对于外部投资者退出或股权转让，要予以特殊限制，如不能转让给竞争对手、上下游单位或其他需要排除的主体，避免对目标企业的业务形成实质性影响。一般需要约定，未经目标企业书面同意，外部投资者不得向目标企业的竞争对手等转让其持有的目标企业任何股权，且未经书面同意转让的构成违约。

第二节　投资协议谈判的进退之略

一、投资条款清单

投资条款清单的英文全称是 Term Sheet of Equity Investment，通常简称 Term Sheet。投资条款清单是外部投资者与目标企业就未来交易所达成的原则性约定。投资条款清单主要约定外部投资者对目标企业的估值和对价支付，以及目标企业原国有控制股东、目标企业和外部投资者应负的主要义务和应当享有的主要权利，以及投资交易达成的前提条件等内容。外部投资者与目标企业之间未来签订的正式投资协议中将包含投资条款清单中的主要条款，换句话说，投资条款清单的内容是签署正式投资协议的基础。

签署了条款清单，意味着双方就投资合同的主要条款已经达成一致意见。投资条款清单并没有法律约束力，主要是阶段性谈判的总结，因此，实践中也有很多项目谈判达成的投资条款清单并不签署，而是将投资条款清单的内容具体分配、体现到正式投资协议、公司章程和合营合同（如有）中，直接签署正式投资协议、公司章程和合营合同（如有）等正式法律文件。

投资条款清单虽然没有法律约束力，但一般合作各方从信誉角度上都会考虑遵守已表达的诺言，因此，很多内资企业虽然对外部投资者尤其是境外外部投资者发来的投资条款清单比较陌生，但在签署条款清单之前应当对其进行审慎的财务审核和法律审核，避免迫于时间压力或为了表示合作态度而草率签署条款清单，导致谈判中的反复，影响谈判进程和自身诚信形象。也有少数外部投资者在签署了没有法律效力的投资条款清单后，一拖再拖，最终没有签署正式投资协议，目标企业对此应当具有提前预防，做好其他外部投资者谈判备选的准备。

二、目标企业瑕疵处理

国有企业历史上常常会有划拨地问题、产权不明晰等历史遗留问题，以及诸如三四级子公司员工社保、公积金缴纳不规范、经营地址与注册地址不一致等的小问题，但外部投资者在谈判中会提出来作为谈判中要解决的事项，尤其对于以上市为目的的目标企业，因为这些事项会影响上市进程，因此目标企业要尽力去解决。如果外部投资者要求原股东承诺，如果未来此类问题导致目标企业、外部投资者利益受损，原股东要承担相应赔偿责任，一般属于合理约定。

三、优先认购权和优先清算权

外部投资者一般会提出将来公司增发股份时或原股东转让股份时，同等条件下，外部投资者有优先认购权。由于我国《公司法》本来就规定有限责任公司的老股东享有优先认购权，所以这是一个在策略上可以让步的条款，以换取其他条款的坚守。另外，外部投资者一般也会要求优先清算权，清算时外部投资者先拿走本金和投资收益，剩余的原股东才能取得和分配。该条款原则上说不太公平，但事实上，一方面，大部分混合所有制改革的目标企业在改制过程中要剥离不良资产并进行业务整合，基本没有在几年内清算的可能，外部投资者一般都等不到清算就撤离了；另一方面，若真到了公司清算的时候，公司基本上也没有什么可分配了，外部投资者拿也拿不了多少优先分配所得。所以，这个条款也常常可以根据交易的具体情况作为一个妥协的条件（特殊情况除外）。

四、"最惠国"条款

在国有企业混合所有制改革中，往往引入的不是单一外部投资者，而是若干个外部投资者，外部投资者会提出"最惠国"条款。"最惠国"条款即如果目标企业给其他任何外部投资者更好的交易条件，那么，也应当给该所有其他外部投资者同样有利的条款。"最惠国"条款在理论上可以涉及交易的任何具体条款，但外部投资者是财务外部投资者还是战略外部投资者的不同背景带给目标企业的协同价值完全不同，持股比例较小的外部投资者过多的治理参与还会影响目标企业运营效率等，实践中建议不轻易接受"最惠国"条款。

五、战略协同和业务合作

目标企业引入外部投资者不仅是为了融资，还期待外部投资者的渠道资源、客户资源、品牌优势、技术优势等战略协同和业务合作事项（尤其对于战略外部投资者），这些协同事项可以写在投资协议中，也可以单独签署合作协议以促进形成协同效应，根据引入外部投资者协同互补的需要等具体情况来确定。

六、融资架构问题

目标企业一般会考虑上市，因此，改制方案设计时在融资架构上需要考虑这一点。如果在国内上市，则搭境内架构，最好接受人民币融资；如果是境外上市，则应该搭境外架构。

第三节　对赌协议

一、对赌协议的概念

自 2003 年蒙牛与摩根士丹利等外部投资者签订对赌协议以来，对赌协议逐渐被许多股权投资活动所关注。从法律角度上看，对赌协议是一种无名合同，其与投资协议并非主从合同的关系，而是基于同一合同目的，属于一个框架合同的不同履行阶段的投资协议的一个组成部分。从其反映的经济内容来看，对赌协议的英文为 Valuation Adjustment Mechanism，其实就是外部投资者和控制股东以及目标企业之间的"估值调整机制"，具体内容为协议双方基于对未来的不确定性而设定一定的目标，在一定的时间内如果目标达成，则一方享有权利，反之则另一方享有权利。

对赌协议多用于私募股权投资的情形，但大部分接受过投资的公司都会面对这个条款，想完全不赌有比较大难度。在国有企业混合所有制改革过程中，外部投资者往往也会提出对赌的要求，但鉴于国有资产管理相关规定对国有资产转让、重组等经济行为的特别要求，国有企业在接受对赌协议或具有对赌意义的条款时，应当审慎把握。

二、对赌协议的合理性

1. 对赌协议调整了外部投资者与原国有控制股东、目标企业之间的信息不对称。控制股东对目标企业的信息非常了解，尤其国有企业集团下属目标企业往往基于集团管理各种手段，国有控制股东对目标企业控制力非常强，而外部投资者对目标企业掌握的信息相对有限，尽职调查获取的信息只是海平面上的冰山，投资后又大多数不参与管理，因此对赌协议是对信息不对称进行调整的一个工具，为外部投资者提供了保障。

2. 对赌协议有助于提高投融资的效率。外部投资者决定是否投资目标企业，不仅要考量其当前价值，更重要的是判断目标企业未来价值，从而判断未来收益和投资对价的合理性。由于行业前景、市场空间、目标企业发展阶段等方面的认识和了解不同，外部投资者和原国有控制股东对目标企业的估值会有分歧，为了避免该分歧导致投资谈判障碍，对赌协议被引入投资活动中，外部投资者和融资者首先以一个预定的估价来完成投资协议，然后商定一个目标，该目标可能是未来目标企业的业绩，也可能是目标企业在一定时间内上市等，根据该等目标能否实现，对原国有控制股东和外部投资者之间的利益进行调整，从而促进投融资行为尽快达成合意，有助于提高投融资的效率。

三、对赌的主要对象

1. 利润是最主要的对赌对象。虽然交易价格根据国有资产管理相关法律法规和政策，在财务审计和资产评估的基础上确定，但外部投资者在议价中通常仍然以利润的 PE 倍数为标准进行测算比较，预期的利润就成了最为常见的对赌目标，一般是经具有证券从业资格的会计师事务所审计确认的税前利润。

2. 除了利润指标外的其他指标，如销售收入、利润率等，并根据实际达成情况调整投资条款。

3. 上市是很常见的对赌对象，私募基金外部投资者的终极目的就是上市，他们一般会提出一个时间节点，如果目标企业在该节点未能实现上市，则会触发退出条款和退出赔（补）偿。

4. 后续战略外部投资者的引进，也会是外部投资者有时要求对赌的内容。

5. 管理层的稳定性也会是（除了根据上市规则的一般性要求外）外部投资者调整投资条件的标准。

6. 生产指标，主要是对技术改造、专利权取得或高新技术企业认定等对于目标企业具有上市特殊意义的生产指标作出调整性约定，触发对相应投资条件的调整。

7. 在国有企业改制中，目标企业历史遗留问题，如划拨地问题、特定资产剥离、同业竞争等对未来上市具有实质影响的事项也会成为对赌的对象。

四、对赌的工具

1. 股权调整。在约定条件未成就或成就时，对于当事各方的股权进行一定比例的调整，以体现对特定方的补偿。

2. 货币补偿。与前述股权补偿不同，直接根据约定的条件和约定的计算方法，给予特定方货币补偿。股权调整和货币补偿是对赌协议最为常见也是最为基本的对赌工具。

3. 优先权。包括外部投资者的股东利润分配优先权和公司清算时的剩余财产分配优先权。

4. 股权回购。在未能满足约定条件时，外部投资者的股份有权要求按照约定条件予以回购。

5. 投票权。在未实现对赌条件之前或者实现之后，对外部投资者方或者目标企业实际控制人的全部或部分投票权给予特别优待或限制。

6. 新股认购权及价格。符合约定条件时，外部投资者对于增发的新股具有约定的认购权，并提前锁定认购价格。

7. 公司治理席位。符合约定条件时，将会对目标企业的董监高等人员加以调整，转化公司治理机构。

8. 反稀释条款。广义的反稀释包括了增资（或股权转让）的认购权，狭义的反稀释则是对投资时股权价值的保证，甚至有的反稀释还要求对外部投资者的持股比例给予静态保证。

增资认购权是结构性防摊薄条款（Structural Anti – dilution），即在股权结构上防止股票价值被摊薄，保证风险外部投资者能够获得至少与其原有股权比例相应的新股，以使其在企业中的股份比例不致因新股发行而降低，这一情况也可能包括在发生股票转让时，其具有按比例优先购买的权利。

后续融资价格约定则是后续融资的反摊薄保护权（Anti – dilution Protection in Down Round），即按后期融资的最低价格转股或者按股份的加权平均价格转股，防止在后续融资过程中股票价值被摊薄。

五、对赌协议应当注意的问题

不同的对赌对象和对赌工具意味着不同的对赌内容和风险，目标企业需要根据公司业务和管理的实际情况，谨慎安排对赌内容，需要注意以下问题。

（一）合理性

要确保估值对赌的业绩指标的合理性，审慎对待业绩指标，要设定在目标企业相对可控的范围之内，必要时要辅助以兜底条款或充分的不可抗力免责条款，还可以采用浮动股权比例条款的思路来协商确定外部投资者的投资额及投资比例。

对于业绩指标的确认方法要在法律文件中做好严格、明确的限定，审计机构及其采取的会计准则、评估机构及其采取的评估方法等的选择都会影响到对赌条件实现与否的判断。

（二）合法性

要确保对赌架构的合法性，鉴于国有资产管理的特别规定，国有企业混合所有制改革涉及对赌条款的设计必须符合国有资产管理相关规定，确保其合法合规并且可操作。

1. 控制权总是对赌协议条款不言而喻的核心问题，但 133 号文明确要求"实施员工持股后，应保证国有股东控股地位，且其持股比例不得低于公司总股本的 34%"，因此，试点目标企业应当设定控制权保障条款，以保证最低持股 34% 的实质控股地位。

2. 国有资产交易相关法规关于交易双方不得以交易期间企业经营性损益为理由、付款方式为条件针对交易所公开交易形成的价格进行变动的明确规定，以及交易价格不得低于经核准或备案的资产评估结果等规定，也是国有企业混合所有制改革交易中对赌协议条款设计需要首先关注的核心。

（三）科学性

外部投资者与目标企业对赌的意义在于激励控制股东或管理层达成约定目标，而约定目标也往往是控制股东或管理层的期望，因此，应当科学设计多层次、多阶段的动态的对赌，为外部投资者和目标企业留有更大的选择余地和谈判空间，从而促进投资融资双方共同目的的实现。

第四节　保密协议

一、保密协议的主要条款

（一）保密信息的界定

保密信息一般是指目标企业及其关联公司所持有的，未由目标企业及关联企业在任何报纸、刊物、媒体、目标企业及股东公开发送的宣传资料及其他公开场合向公众披露息，以及目标企业及其关联公司以书面、口头、磁盘、电子存储或者通过绘图或者其他方式向外部投资者方提供的，任何与项目相关及无关的科学的、技术的、经营的、经济的、商务的或者其他的信息，以及本次收购项目进行中所产生的中间和最终成果（保密信息不仅包括目标企业披露的原始信息，而且包括在本次收购中外部投资者基于原始信息分析、研究的工作成果）。保密信息包括但不限于：

1. 经营信息。经营信息指目前由目标企业及其关联公司所有的或者正在开发或构思的与经营相关的信息，包括但不限于商业政策、客户资源、分销方案、原料采购、价格政策、非公开财务信息、采购渠道、销售政策、服务网络、招投标资料和其他相关的方案、文件和通信，业务和管理模式，战略运营信息和规程等。

2. 管理信息。管理信息指目前由目标企业及其关联公司所有的或者正在开发或构思的与管理相关的信息，包括但不限于人力资源信息、工作流程、组织信息、内部规则、操作规则等。

3. 知识产权。知识产权（不论是目标企业独自拥有的，或是和其他方共同拥有的，也不论是现有的，或将来开拓发展的），包括但不限于目标企业所提供的服务或产品的商标、软件及相关程序、资料的著作权、专利及非专利技术、商业秘密、安装及维护方面的信息等。

4. 重要法律事务信息。重要法律事务信息包括但不限于正在履行的或者预期签字和履行的协议、仲裁或诉讼、财产或股份或利益的处理等。

5. 任何按照法律法规和其他协议外部投资者有义务保守秘密的信息。

（二）保密的权利主体和义务主体

保密的权利主体和义务主体界定，实质是对保密信息范围界定的一个补充。在国有企业混合所有制改革中，我们一般将权利主体和义务主体都尽可能设计得更为广泛，最大限度地保护国有企业信息安全。

保密信息持有主体是保密的权利主体，主要是"目标企业及关联公司"，一般包括目标企业、目标企业的所有控股子公司、参股子公司及其他形式子企业和分支机构、目标企业的控制公司（母公司）、目标企业的姊妹公司，以及其他所有外部投资者在混合所有制项目前期磋商、尽职调查、谈判等过程中所接触的与目标企业有关联的主体。

保密的义务主体主要是外部投资者和其委托的中介机构等外部投资者代表，一般主要包括外部投资者、外部投资者的控制方、外部投资者的董事、高管、员工、代理人、专业顾问和关联方等所有通过外部投资者关系可以获得保密信息的主体。

（三）保密义务

保密信息界定和保密义务是保密协议的核心内容，如果没有保密义务，潜在外部投资者可以使用保密信息与目标企业进行竞争或向目标企业的竞争对手提供信息，将会导致目标企业无形的重大损失，尤其对于很多技术型目标企业，目标企业甚至认为披露是为了完成收购或改制不得不向外部投资者披露的一个危险行为，因为保密义务是否严格履行，实践中是很难发现和界定的，因此在不影响评估价值和项目实质推进的情况下，建议部分核心机密技术可以选择不披露。

保密义务条款实质是对外部投资者保密信息使用的一个限制，一般会约定：

1. 外部投资者对保密信息应当以机密的方式持有并对待，外部投资者应当严格保守秘密并且应当促使其代表严格保守秘密，没有目标企业的事先书面同意，不得向任何第三方披露或透露由目标企业及其关联公司直接或间接披露的任何保密信息。

2. 外部投资者应当并且应当促使其代表仅在为授权目的严格必要的范围内使用保密信息。除本保密协议要求或许可之外，本保密协议不意味着将保密信息转让或许可给外部投资者，或者授权外部投资者任何权力使用保密信息。外部投资者应采取一切措施防止其所需要知悉保密信息的代表以任何直接或间接的方式向本保密协议双方之外的任何第三方提供、泄露本协议规定的保密信息的全部或部分内容；即使知悉保密信息的代表离职，外部投资者仍负有防止其向第三人泄密的义务。

3. 外部投资者应当根据严格的需要知晓原则向其代表披露保密信息。外部投资者应当对外部投资者向其披露保密信息的代表施加同样的外部投资者在本保密协议项下应承担的保密义务。

4. 外部投资者应当妥善保管保密信息并且采取充分的措施阻止无授权人获取保密信息。未经目标企业书面同意，外部投资者及其代表不得复制保密信息。外部投资者应当根据目标企业的要求向目标企业归还、销毁或保存所有包含保密信息的材料或文件。

5. 没有目标企业方的事先书面同意，外部投资者不得并应指令其代表不得向任何第三人披露保密信息，或者已经由目标企业方提供或被外部投资者获取的相关事实情况，或者是与项目有关的讨论或谈判正在进行的事实情况。

（四）保密义务的例外

保密义务一般不适用于众所周知的信息、外部投资者已有的信息、外部投资者非不恰当取得的信息、外部投资者独立开发的信息及依据法律规定公开的信息等，具体条款一般通过列举的方式完成。保密义务例外包括下列范围内的保密信息：

1. 在依据保密协议获得保密信息之前，非由于外部投资者的违约，该保密信息合法的属于或者成为公知信息。

2. 保密信息是由外部投资者善意地依法从未违反对目标企业方所承担的保密义务的第三方处获得的。

3. 目标企业方书面授权可以解密的或由政府程序要求释密的信息，这些信息仅限于上述本授权或政府要求范围之内。

4. 由外部投资者方未利用目标企业方的保密信息而独立开发的信息。

实践中，外部投资者独立开发的信息难以证明其"独立性"，目标企业方也担心外部投资者利用其保密信息进行研发，因此实践中目标企业方往往在保密义务例外中删除独立开发信息。

（五）违反保密义务的责任

1. 如果外部投资者违反其在保密协议项下的任何责任，并因而造成了目标企业方的任何损害或损失，外部投资者应当为该等损失或损害向目标企业方作出充分的赔偿。

2. 外部投资者应对其代表，包括但不限于工作人员、代理人、控制方、专业顾问、关联方、分支机构、顾问、银行、经纪人、与业务有关的境外工作人员等的保密义务和法律责任承担连带责任。此规定的目的在于确保外部投资者监督其代表履行保密义务，但外部投资者往往力图回避其对其代表的保密责任，希望他们的代表自己承担责任，实践中一般无法规避。

（六）保密义务期

保密协议的期限一般约定为 2 ~ 5 年。条款一般表述为"本协议项下收购项目无论因执行完毕而终止，或协议双方协商终结而终止，或因其他特殊情况而终止，外部投资者应对磋商以及交易谈判期间传递或披露的任何保密信息严格保密，保密期限为项目终止日起 3 年（或其他协商达成的期限）"。但理论上，外部投资者获得的信息仅为投资该次投资项目而使用，项目终止即不再使用，外部投资者的保密义务本来就应当是永久期限，因此，实践中有的保密协议约定外部投资者具有永久的保密义务。也有保密协议不约定保密期限，而只要求属于"机密"的信息只要属于"机密"就需要继续保密，这种方式在实践中不好操作。我国《保守国家秘密法》对"机密"有严格界定，如果目标企业界定与其不符的，在涉及诉讼情况下很难获得法院保护，且目标企业在尽职调查工作中针对每一份书面文件和电子邮件进行认定和标识"机密"会占用大量人力成本，在规模较大的目标企业几乎无法操作。

国有企业混合所有制改革中有可能会涉及国家秘密，国家秘密的保密期限，除另有规定外，绝密级不超过三十年，机密级不超过二十年，秘密级不超过十年。国有企业混合所有制改革中涉及国家秘密或涉及关乎国计民生的重大商业秘密的，要严格按照《保守国家秘密法》及其他相关规则履行保密职责和期限，且尽可能选择不披露国家秘密和重大商业秘密，采取其他措施保证交易价格或其他交易条件不受影响。

（七）保密信息的归还

交易终止后，目标企业可随时要求外部投资者返还或销毁其持有的所有实体和电子版本的保密信息。实践中，外部投资者往往选择销毁方式比较多。条款范例一般为：

"本协议项下收购项目无论因执行完毕而终止，或协议双方协商终结而终止，或因其他特殊情况而终止，外部投资者均应当在收到目标企业书面要求的一定期限内（20～30天或其他协商达成的期限）：

1. 将从目标企业获得的任何保密信息，以及外部投资者及其代表或代理、转委托人或分包商由此准备的所有总结、分析、摘录和研究归还目标企业或以安全的方式予以销毁（根据协商达成的方式选择）。

2. 向目标企业提供一份有关归还或完全销毁上述材料的经由外部投资者或其负责人签字的书面证明。"

实践中，混合所有制改制的目标企业一定要记得发出该保密信息返还或销毁的书面通知，往往在项目终止后，目标企业会忘记该事项。

（八）保密协议的效力

保密协议一般自协议双方签署之日生效。实际操作中，目标企业一般会主张在协议中明确：

1. 保密协议不仅适用于协议生效后目标企业及其关联公司向外部投资者披露的保密信息，而且适用于保密协议生效之前，在协议双方磋商过程中，目标企业方及其关联公司向外部投资者披露的保密信息。

2. 如果外部投资者将聘请第三方提供保密协议涉及收购项目项下服务，保密协议项下外部投资者的保密义务同样适用于相关第三人及其代表，保密协议的外部投资者方应对相关第三人及其代表的保密义务承担所有责任。

3. 即便外部投资者与目标企业签订的收购协议等主协议被解除、终止或认定无效，外部投资者仍负有保密协议所约定的义务。

二、保密协议应当注意的问题

（一）禁止"挖墙脚"条款

在外部投资者与目标企业磋商、尽职调查、谈判及缔结协议过程中，外部投资者会接触到目标企业高级管理人员及相关员工，且对核心高级管理人员和骨干员工有所认识、了解并建立联络，如果交易最终没有达成，外部投资者有可能挖目标企业"墙脚"，尤其同行业的战略外部投资者，因此，在保密协议中往往会针对这种情况约定禁止"挖墙脚"条款（也即禁止雇用条款）。禁止"挖墙脚"条款的主要内容是在保密协议签署1~2年或更长时间，外部投资者及其关联公司不得招聘目标企业及该保密协议涉及范围内目标企业关联公司和机构的员工。

（二）排他性条款

排他性条款禁止目标企业在排他阶段与其他外部投资者同时进行谈判，也会禁止目标企业征求其他潜在投资意向人，这个条款一般会体现在尽职调查开始前的保密协议中或口头进行承诺，其实质是给予外部投资者独家谈判权，防止目标企业或国有控制股东在排他阶段与其他外部投资者合作。需要注意的是，国有企业混合所有制改制，无论国有股东转让老股还是外部投资者通过增资方式进入，都需要通过产权交易所公开挂牌，通过竞争选择外部投资者并进行谈判，因此此类排他性条款不允许存在。

（三）中止条款

中止条款的主要目的在于防止外部投资者在交易不能友好协商达成时，对目标企业和国有控制股东产生不良影响。

（四）反共谋条款

在收购或国有企业混合所有制改革中，目标企业方会担忧潜在外部投资者分享信息、进行共谋，从而实质减少了外部投资者数量，进而影响交易价格；而外部投资者会认为外部投资者本身可以"组团"投资，若干潜在外部投资者可以委托某外部投资者作为代理，代理若干潜在外部投资者进行谈判并随时分享信息、进行讨论，其他被代理外部投资者"跟投"，从而减少交易成本。因此，该问题完全在于目标企业方根据目标企业所处行业、目标企业方股权价值等如何与外部投资者妥协、如何与市场妥协，目标企业方可以选择在保密协议中规定反共谋条款或不规定反共谋条款。反共谋条款在实际操作中，至少表明了目标企业方反共谋的态度且禁止了外部投资者恶意进行的"组团"投资形式。

（五）交易信息的保密

保密信息界定条款往往只涵盖了目标企业方披露的信息及外部投资者依据披露信息研究、总结的信息。实践中，有关交易本身的内容，包括交易双方身份、谈判进程、资产评估结果、交易结构、交易价格等，也是不可公开的重要信息，因此，需要特别约定交易信息的保密义务。交易信息的保密义务一般适用于外部投资者和目标企业方双方，尤其对于竞争性交易，有利于防止目标企业方将第一外部投资者的报价通报给第二外部投资者，也有利于防止外部投资者与其他潜在外部投资者沟通，影响目标企业价格谈判的优势。

第五节 投资意向书

投资意向书（Letter of Interest）是双方当事人通过初步洽商就投资项目的合作意向达成一致的书面文件，是合作磋商阶段性成果的固化，也是促进双方进行实质性谈判的支持性文件。

一、投资意向书的主要内容

1. 合作背景和目标。
2. 估值（定价）原则。
3. 投资架构。
4. 外部投资者重点关注的权利，如优先购买权、清算优先权、共同出售权、反稀释权利、获得信息权等，以及禁止原有股东转让或质押任何股权。

5. 在投资意向比较确定的情况下，投资协议的部分承诺事项也会成为投资意向书的内容。

6. 公司治理机构。

7. 关于尽职调查的相关规定，主要是目标企业及其原有股东同意协助并促使调查达到尽可能全面的程度。

8. 保密条款。

9. 独家谈判的权利。

10. 投资意向书的有效期等。

二、投资意向书的法律效力

投资意向书的法律效力遵循当事人意思自治原则，双方当事人可以根据交易进展情况和谈判需要选择约定投资意向书没有效力，或部分条款有效力，或全部条款都有法律效力。通常双方约定商业性条款不具有法律约束力，但"法律性条款"具有约束力。另外，投资意向书往往会专门条款说明其与后续投资协议的关系。

三、投资意向书应当注意的问题

1. 投资意向书的报价应当基于一系列重要假设，留下空间和余地。

2. 不可随意对重要交易条件作出承诺，否则可能在以后的谈判中失去主动。

3. 在投资意向书具有法律效力的情况下，应当对投资意向书的法律适用和争议解决条款进行明确约定。

第六节 披露函

在投资项目中，披露函是一项非常重要的法律文件。一般作为投资协议的附件，是对投资协议中陈述和保证条款的补正、说明和反面披露，这也是一份通过谈判确定的文件。

投资协议很大的一块内容是目标企业和原国有股东的陈述和保证，即对于交割日前公司的各方面状况作出的肯定性说明。这些陈述和保证基本都是正面声明公司不存在瑕疵，但实际上公司的经营情况复杂多样，因此，需要一份正式的披露函对陈述和保证进行修正和限定，这也是对外部投资者履行披露义务，更是对目标企业和原国有控制股东的一种免责方式。披露函披露的内容属于外部投资者在签署协议时因为披露而已知的事项，因此外部投资者对该部分内容不能主张赔偿或其他责任。披露函一般由目标企业聘请的律师准备，并在交割时连同投资协议签署版本发给外部投资者。

第八章 共建联姻的融合共进机制：公司治理

第一节 公司治理的一般原理

公司治理（corporate governance）或称公司法人治理结构，是指对有重大利害关系的当事人——股东、董事、监事以及经理层之间有效制衡、协调、监督和激励的一整套架构和制度安排。公司治理的核心是通过制衡来协调不同主体也即不同联姻主体之间的利益冲突。

新常态下，中国企业面临来自外部全球市场和行业颠覆等诸多挑战和不确定性，公司本身又是股东、经营层、员工、债权人、消费者、供应商、经销商等众多复杂利益主体契约关系的结合体。在外部挑战的考验下，如果又存在股东争斗、劳资博弈、董事会与经营层职责不清、内部人控制和公司制度设计缺陷等公司治理问题，将严重增加企业管理的成本和效率，进而影响公司长远健康发展。因此，国有企业借混合所有制改制之机，建立"三会一层"权责明确、高度协同、高效运行、相互制衡的公司治理机制，同时把党的领导融入公司治理各环节，充分发挥党组织对企业的政治核心和领导核心作用，是国有企业借混合所有制改革之机，利用多元的各方联姻主体焕发企业治理活力的机制基础。

一、股东（大）会

公司股东（大）会由全体股东组成，股东（大）会是公司的权力机构，依照《公司法》和公司章程的规定行使职权。股东（大）会主要行使下列职权：（1）决定公司的经营方针和投资计划；（2）选举和更换非由职工代表担任的董事、监事，决定有关董事、监事的报酬事项；（3）审议批准董事会的报告；（4）审议批准监事会或者监事的报告；（5）审议批准公司的年度财务预算方案、决算方案；（6）审议批准公司的利润分配方案和弥补亏损方案；（7）对公司增加或者减少注册资本作出决议；（8）对发行公司债券作出决议；（9）对公司合并、分立、解散、清算或者变更公司形式作出决议；（10）修改公司章程；（11）公司章程规定的其他职权。

二、董事会

董事会是公司治理的核心，是公司重大决策的中心，也是公司价值创造的发动机，一个公司搞得好不好，最关键在于董事会。公司法规定，董事会对股东（大）会负责，主要行使下列职权：（1）召集股东（大）会会议，并向股东（大）会报告工作；（2）执行股东（大）会的决议；（3）决定公司的经营计划和投资方案；（4）制定公司的年度财务预算方案、决算方案；（5）制定公司的利润分配方案和弥补亏损方案；（6）制定公司增加或者减少注册资本以及发行公司债券的方案；（7）制定公司合并、分立、解散或者变更公司形式的方案；（8）决定公司内部管理机构的设置；（9）决定聘任或者解聘公司经理及其报酬事项，并根据经理的提名决定聘任或者解聘公司副经理、财务负责人及其报酬事项；（10）制定公司的基本管理制度等。

三、监事会

监事会是公司的监督机构。监事会、不设监事会的公司的监事行使下列职权：（1）检查公司财务；（2）对董事、高级管理人员执行公司职务的行为进行监督，对违反法律、行政法规、公司章程或者股东（大）会决议的董事、高级管理人员提出罢免的建议；（3）当董事、高级管理人员的行为损害公司的利益时，要求董事、高级管理人员予以纠正；（4）提议召开临时股东（大）会会议，在董事会不履行公司法规定的召集和主持股东（大）会会议职责时召集和主持股东（大）会会议；（5）向股东（大）会会议提出提案；（6）依照《公司法》第一百五十一条的规定，对董事、高级管理人员提起诉讼；（7）公司章程规定的其他职权。

四、经理层

按照所有权与经营权分离的委托代理理论，股东是公司的所有者，股东选举产生的董事和监事代表股东行使决策权和监督权，董事会选举的经理层负责经营管理公司并执行决策。

总经理是经理层的负责人，总经理对董事会负责，主要行使下列职权：（1）主持公司的生产经营管理工作，组织实施董事会决议；（2）组织实施公司年度经营计划和投资方案；（3）拟订公司内部管理机构设置方案；（4）拟订公司的基本管理制度；（5）制定公司的具体规章；（6）提请聘任或者解聘公司副经理、财务负责人；（7）决定聘任或者解聘除应由董事会决定聘任或者解聘以外的负责管理人员；（8）董事会授予的其他职权；（9）公司章程对经理职权另有规定的，从其规定。另外，《公司法》明确规定，总经理列席董事会会议。

五、中外合资经营企业公司治理的特殊规定

《公司法》第二百一十七条规定："外商投资的有限责任公司和股份有限公司适用本法；有关外商投资的法律另有规定的，适用其规定。"依据《中外合资经营企业法》和《中外合资经营企业法实施条例》，中外合资经营企业不设立股东会，董事会是其最高权力机构，具体规定包括：（1）合营企业设董事会，其人数组成由合营各方协商，在合同、章程中确定，并由合营各方委派和撤换。（2）董事会是合营企业的最高权力机构，董事会的职权按合营企业章程规定，有权决定合营企业的一切重大问题：企业发展规划、生产经营活动方案、收支预算、利润分配、劳动工资计划、停业，以及总经理、副总经理、总工程师、总会计师、审计师的任命或聘请及其职权和待遇等。（3）董事长和副董事长由合营各方协商确定，或由董事会选举产生，中外合营者的一方担任董事长的，由他方担任副董事长。（4）董事会成员不得少于3人。董事名额的分配由合营各方参照出资比例协商确定。

另外，正副总经理（或正副厂长）由合营各方分别担任。

第二节　党组织在国有企业公司治理中的地位与作用

一、政策法规

习近平总书记出席 2016 年 10 月召开的全国国有企业党建工作会议并发表重要讲话，明确指出："坚持党的领导、加强党的建设，是国有企业的光荣传统，是国有企业的'根'与'魂'，是我国国有企业的独特优势"，强调要"把党的领导融入公司治理各环节，把企业党组织内嵌到公司治理结构之中，明确和落实党组织在公司法人治理结构中的法定地位，做到组织落实、干部到位、职责明确、监督严格"。

《中国共产党章程》第三十三条明确规定："国有企业党委（党组）发挥领导作用，把方向、管大局、保落实，依照规定讨论和决定企业重大事项。国有企业和集体企业中党的基层组织，围绕企业生产经营开展工作。保证监督党和国家的方针、政策在本企业的贯彻执行；支持股东会、董事会、监事会和经理（厂长）依法行使职权；全心全意依靠职工群众，支持职工代表大会开展工作；参与企业重大问题的决策；加强党组织的自身建设，领导思想政治工作、精神文明建设和工会、共青团等群团组织。"

《公司法》第十九条也明确规定："在公司中，根据中国共产党章程的规定，设立中国共产党的组织，开展党的活动。公司应当为党组织的活动提供必要条件。"

二、党组织参与公司治理的具体方式

（一）双向进入、交叉任职

1999 年 9 月，《中共中央关于国有企业改革和发展若干重大问题的决定》强调"国有独资和国有控股公司的党委负责人可以通过法定程序进入董事会、监事会"，即通过"双向进入、交叉任职"的国有企业任职机制，发挥党组织政治核心和领导核心的作用。所谓"双向进入"，是指充分通过国有股东控股的优势，符合条件的企业党组织班子成员遵照法律程序进入企业董事会、监事会和经理层；同时，董事会、监事会和经理层中符合条件的党员依照党章及有关规定程序进入党组织领导班子。按照 2015 年 22 号文的规定，所谓"交叉任职"，是指经理层成员与党组织领导班子成员适度交叉任职；董事长、总经理原则上分设，党组织书记、董事长一般由一人担任。

通过双向进入、交叉任职，在"三会一层"（股东会、董事会、监事会、经理层）公司治理结构不变的情况下，通过双重任职把党的领导融入董事会决策、监事会监督、经理层运营管理各个环节，确保党组织的领导信心任用融入了决策、执行、监督等各个环节，是实现党的领导和现代公司治理机制的有机融合、发挥党的领导核心作用的行之有效的方式之一。

（二）党组织内嵌到公司治理结构

2015 年 22 号文明确要求要"把加强党的领导和完善公司治理统一起来，将党建工作总体要求纳入国有企业章程，明确国有企业党组织在公司法人治理结构中的法定地位，创新国有企业党组织发挥政治核心作用的途径和方式"。党组织内嵌到公司治理结构，就是在公司章程中增加党组织这一机构，形成"四会一层"（党组织、股东会、董事会、监事会、经理层）的现代国有企业治理结构。把党组织内嵌到公司治理结构中形成了党组织领导核心、董事会战略决策、监事会独立监督、经理层自主经营的中国特色的现代国有公司治理体系，有利于实现党对国有企业政治领导、思想领导和组织领导的有机统一。

《国务院办公厅关于进一步完善国有企业法人治理结构的指导意见》（国办发〔2017〕36 号）再次明确要求国有企业要"坚持党的领导，明确国有企业党组织在法人治理结构中的法定地位，发挥国有企业党组织的领导核心和政治核心作用，保证党组织把方向、管大局、保落实"。

总之，要把建立党的组织、开展党的工作，作为国有企业推进混合所有制改革的必要前提，根据不同类型混合所有制企业特点，科学确定党组织的设置方式、职责定位、管理模式，把党的领导融入公司治理各环节，把党组织嵌入国有企业治理结构。实践中，有很多具体操作方法值得广泛探索和深入研究。

在权限方面，实践中往往修改公司章程明确赋予党组织会议的重大决策事项主要有：企业贯彻执行党的路线方针政策，法律法规和上级重要决定的重大举措；企业发展战略、中长期发展规划；企业生产经营方针；企业资产重组、产权转让、资本运作和大额投资中的原则性和方向性问题；企业重要改革方案的制定、修改；企业的合并、分立、变更、解散以及内部管理机构的设置和调整，下属企业的设立和撤销；企业中高层经营管理人员的选聘、考核、薪酬、管理和监督等。

在程序方面，实践中往往实行党组织会议前置审议制度：第一步前置审议，第二步会前沟通，第三步董事会、总经理办公会独立表达、充分讨论、全面协商、达成一致。党组织会议前置审议，即党组织召开党组织会议，对拟提交董事会、经理层决策的重大问题进行讨论研究，提出意见和建议。会前沟通，即进入董事会、经理层党组织成员，在议案正式提交董事会或总经理办公会前就党组织会议的有关意见和建议与董事会、经理层成员充分沟通。董事会、总经理办公会上进入董事会、经理层的党组织成员独立表达党组织会议研究的意见和建议，并且引导各位董事充分讨论、全面协商、达成一致，会后及时向党组织报告。另外，还可以建立公司重大决策执行情况督查制度，由党组织对党组织会议、董事会审议通过的重大决策定期开展督促检查、做到保落实。

另外，坚持党对国有企业的领导，借助党的纪检监察制度、巡视工作、企业领导人员廉洁从业规定等，通过国有企业董事、监事、经理层定期向党组织廉洁自律述职情况、个人重大事项报告、纪委书记兼职监事列席董事会等制度，也有利于进一步加强对国有企业治理层和经营层的监督管理，促进董事、监事、高级管理人员忠实、勤勉履职。

综上所述，国有企业是中国特色社会主义的重要物质基础和政治基础，是壮大国家综合实力、保障人民共同利益的重要力量，必须理直气壮做强做大；同时，也必须发挥代表广大人民利益的共产党对国有企业的政治核心和领导核心作用来维护人民利益。2016 年 10 月，在全国国有企业党的建设工作会议上，习近平总书记还强调，坚持党对国有企业的领导是重大政治原则，必须一以贯之；建立现代企业制度是国有企业改革的方向，也必须一以贯之。因此，我们在混合所有制改革中，必须建立具有中国特色的现代企业治理机制，既要加强党的领导，又要坚持现代企业制度，处理好党组织和"三会一层"的关系，建立各司其职、各负其责、协调运转、有效制衡的公司治理机制。

第三节　董事会

董事会的构建与运作非常不易。董事会的科学构建是公司运作的起点和成功的基点，无论是家族企业还是国有公司，无论是上市公司还是拟上市公司，面对 21 世纪充满不确定性的世界经济形势及风云莫测、竞争日益激烈的市场，只有董事会架构合理、运作高效，董事会的最佳决策才能保障公司战略的前瞻性、预见性和科学性。

一、董事会的构建

（一）董事会的规模

根据我国《公司法》第四十四条和第一百零八条的规定，有限责任公司董事会成员为 3 ~ 13 人，股份有限公司董事会成员为 5 ~ 19 人。董事会的成员通常为单数，以利于表决程序的进行和表决结果的确定。有研究表明，董事会规模与董事会治理绩效非正相关。人数较多的董事会有利于从多个角度、维度、专业为公司作出科学的决策，也有利于规避董事会人数较少情况下选择经营层时可能会存在的关系主导；但大规模的董事会，也会增加沟通和协调成本。

"14 人至 16 人组成的董事会也不少，但我敢打赌，随着 2020 年越来越近，董事会的平均人数或会接近 8 人或 9 人。"[①] 巴菲特也曾讲：

---

① ［西］佩德罗·雷诺. 未来董事会：企业的改变从董事会开始［M］. 北京：中国财富出版社，2017：37.

"我认为董事会里成员的人数应该少些，比如说，十个或更少，而且多数应该来自公司外部。"[①]

因此，混合所有制改革的公司需要考虑公司资产规模、营收规模、股权比例、股东行业背景、公司治理实际需求等各项因素，确定董事会规模，董事会规模也是各方投资人谈判博弈的结果。

（二）董事会的组成

1. 持股员工董事。

实施了员工持股的目标企业在董事会设置中需要根据员工持股比例设置持股员工董事。持股员工董事应当先由持股员工（代表）大会或持股员工管理委员会选举产生候选人，在履行相关决策程序后，代表持股员工的利益和意愿在董事会上独立发表意见。

笔者认为，持股员工代表董事应当具备以下条件：（1）具有财务、业务、法律、投资、人力资源等方面专业能力和工作经验，熟悉目标企业运营和管理情况，具有董事职位应当具备的决策能力；（2）具有与外部投资者、持股员工和其他利益相关者进行广泛沟通的能力；（3）富有大局意识和责任心，能够真正代表持股员工，为持股员工服务；（4）在目标企业担任中层正职以上经理人3年以上。只有具备上述条件的持股员工担任持股员工代表董事，才能真正担负起维护公司和持股员工利益、切实促进董事会科学决策的职责，在公司长远发展利益与持股员工短期利益发生冲突的时候，也才有能力做好持股员工的沟通协调工作，统一思想，为公司长远战略发展保驾护航。

实践中，有的国有企业忽视持股员工的选举权，由公司人力资源管理部门推荐持股员工董事候选人；有的国有企业将持股员工董事误解等同于职工董事，由目标企业工会主席或党群部门负责人担任，忽视专业背景和行业经验，导致持股员工董事专业能力缺乏，无法在董事会独立发表有价值的专业意见，成为"摆设"或"花瓶"，导致该董事会席位实质空白，影响了广大持股员工的利益维护，也影响了董事会的决策

---

① ［美］劳伦斯·坎宁安. 巴菲特致股东的信：投资者和公司高管教程［M］. 北京：机械工业出版社，2018：62.

水平和能力。

2. 职工董事。

根据我国《公司法》第四十四条的规定，两个以上的国有企业或者两个以上的其他国有投资主体投资设立的有限责任公司，其董事会成员中应当有公司职工代表；其他有限责任公司董事会成员中可以有公司职工代表。董事会中的职工代表由公司职工通过职工代表大会、职工大会或者其他形式民主选举产生。根据我国《公司法》第一百零八条的规定，股份有限公司董事会成员中可以有公司职工代表，董事会中的职工代表由公司职工通过职工代表大会、职工大会或者其他形式民主选举产生。

因此，在具有外部投资者投资入股的混合所有制改革之后的有限责任公司和股份有限公司都不是必须设置职工董事，目标企业可以根据公司管理团队现状和治理需要等具体情况来决定是否需要设置职工董事。

3. 独立董事。

独立董事是指不在公司担任除董事以外的其他职务，并与其受聘独立董事的公司及其主要股东不存在可能妨碍其进行独立客观判断的关系的董事。《公司法》规定上市公司董事会成员中独立董事所占比例至少为1/3；《上市公司治理准则》明确规定，审计委员会、提名委员会、薪酬与考核委员会中独立董事应当占多数并担任召集人，审计委员会中至少应当有一名独立董事是会计专业人士。另外，对于独立董事比例与公司业绩是否正向相关，实践和理论研究都莫衷一是，独立董事制度设计出发点是好的，但关键是在实施中能否保证独立董事发挥其作用。

目标企业可以结合公司经营发展的具体需要决定是否设立独立董事，尤其计划拟未来上市的企业。

4. 专业委员会。

我国上市公司治理规则要求上市公司必须设立审计委员会、提名委员会、薪酬与考核委员会、战略委员会。各专业委员会仍然由董事组成，设立这些专业委员会的主要目的是为了保证更深入地解决具体问题、提高决策质量。例如，对相关议题在专业方面进行更为深入、详细的研究，以协助董事会决策；或对薪酬等特殊问题由独立董事为主组成的薪酬与考核委员会审核，以保证公平与公正。通过专业委员会的专业职能和辅助预审功能，保证关键问题得到正确处理。

改制后的非上市公司，完全可以根据所处行业和管理的需要设立各类专业委员会，包括上市公司治理规则规定之外的专业委员会，如技术委员会，以保证对技术有很大依赖的公司在最高层保持创新提升的理念和活力。

5. 观察员。

观察员不是董事会成员，但一般可以列席董事会，跟进工作，但没有投票权。董事会观察员的存在意义有以下几点。

（1）当观察员类似投资人委派董事助理时，观察员可以在会前帮助董事收集资料、进行议题的初步分析、拿出初步建议，董事会后，观察员也可以跟踪和帮助繁忙董事会成员审核董事会记录、决议，协助签署决议等，董事会观察员作为董事助理，其实也在协助董事会秘书工作。

（2）观察员作为持股比例较小、未能委派董事的投资人的代表时，其将代表小股东行使知情权，聆听董事会议决策，获取相关信息。在这种情况下，观察员虽然没有投票权，但可以在董事会后就董事会违法违规事项提出书面意见。

（3）在观察员是特聘专业人士的情况下，观察员一般都是行业内权威或多年可靠的合作伙伴，他们的角色更像一个外部专家，在董事会议上给董事会带来经验和远见，他们没有董事权利，主要是为了帮助董事会作出好的决策。

实践中，观察员一般也没有发言权，只有带着耳朵聆听的知情权；至于是否赋予观察员发言权，完全取决于股东们之间的谈判、妥协和制衡及公司章程的约定。

观察员有多少人合适也应当根据董事会的大小来确定。一般来说，如果董事会存在太多的董事会观察员，又可以发言的话，尤其在众多权威性观察员人多嘴杂的情况下，决策会议时间将会更长，得到决策结果的可能性也就越低，因为他们虽然不能投票，但他们的观点和论述将影响会场的思维和立场。所以，设立多少董事会观察员无关紧要的观点是错误的，不和谐的局面都是在复杂的决策讨论中产生的，而这种不和谐需要避免董事之外非核心决策因素的过多介入，毕竟，董事会决策权主要是由董事集体投票行使的。因此，笔者建议在混合所有制改革中董事会不宜设立过多的观察员。

（三）董事的选聘

1. 董事选聘方式。

董事由股东（大）会选举产生，混合所有制改革目标企业独立董事和持股员工代表董事履行相关推荐程序后，也由股东（大）会选举产生。职工代表董事由公司职工通过职工代表大会、职工大会或者其他形式民主选举产生。

2. 累积投票制。

累积投票制是一种表决权制度，实践中主要是在选举董事或监事时，给予每个股份持有者按其持有表决权的股份数与被选董事或监事人数的乘积为其应有的选举权力，选举者可以将这一定数的权力进行集中或分散投票，可以集中投某一名候选人，保证其当选，对其他候选人一票也不投；也可以把票分布开，同时去投几名候选人，从而保证小股东尽可能地使代表自己的董事当选。

美国部分州实行强制性累积投票制度，我国《公司法》第一百零五条规定："股东大会选举董事、监事，可以依照公司章程的规定或者股东大会的决议，实行累积投票制；本法所称累积投票制，是指股东大会选举董事或者监事时，每一股份拥有与应选董事或者监事人数相同的表决权，股东拥有的表决权可以集中使用。"实质是除非公司章程或者股东会决议实行累积投票制之外，公司在选举董事或者监事时，一般采用直线投票的方式进行。《上市公司治理准则》第三十一条规定：在董事的选举过程中，应充分反映中小股东的意见。股东大会在董事选举中应积极推行累积投票制度。控股股东控股比例在30%以上的上市公司，应当采用累积投票制。也就是只对部分控股股东持股超过30%的上市公司采取了强制主义的硬性规定。因此，混合所有制改革企业持少量股份的外部投资者或持股员工主张累积投票制应当在投资协议清单或章程谈判时提出，以保证累积投票制被写进公司章程；否则，就只能在股东大会选举董事、监事时临时提出，实现的可能性会很小。

累积投票制有利于防止控制股东利用表决权优势操纵董事、监事的选举，以增加中小股东的候选人当选公司董事、监事的机会，避免大股东囊括所有董事会、监事会席位，使董事会、监事会成为大股东的"一言堂"。针对小股东包括持股员工主张累积投票制的情况，目标企业及其控制股东应当保持宽容开明、积极理性的态度，根据控制权安排、少数股东意愿等各种因素系统考量、统筹安排。例如，格力电器在2012年5月股东大会董事会换届选举中由于采用了累积投票制，格力电器的实际控制人珠海市国资委推荐的董事人选未审议通过，而由机构投资者提名的董事人选成功当选，这是累积投票制和小股东联合起来积极参与公司治理的一个典型案例。①

（四）董事任职的禁止性规定

1.《公司法》禁止性规定。

我国《公司法》第一百四十六条明确规定："有下列情形之一的，不得担任公司的董事、监事、高级管理人员：（1）无民事行为能力或者限制民事行为能力；（2）因贪污、贿赂、侵占财产、挪用财产或者破坏社会主义市场经济秩序，被判处刑罚，执行期满未逾五年，或者因犯罪被剥夺政治权利，执行期满未逾五年；（3）担任破产清算的公司、企业的董事或者厂长、经理，对该公司、企业的破产负有个人责任的，自该公司、企业破产清算完结之日起未逾三年；（4）担任因违法被吊销营业执照、责令关闭的公司、企业的法定代表人，并负有个人责任的，自该公司、企业被吊销营业执照之日起未逾三年；（5）个人所负数额较大的债务到期未清偿。公司违反前款规定选举、委派董事、监事或者聘任高级管理人员的，该选举、委派或者聘任无效。董事、监事、

---

① 袁蓉丽，等. 累积投票制和股东积极主义——基于格力电器董事选举的案例分析 [J]. 财务与会计，2016（19）：31–33.

高级管理人员在任职期间出现本条第一款所列情形的，公司应当解除其职务。"

2.《公务员法》和中组部关于兼（任）职的禁止性规定。

（1）我国《公务员法》第一百零二条规定："公务员辞去公职或者退休的，原系领导成员的公务员在离职三年内，其他公务员在离职两年内，不得到与原工作业务直接相关的企业或者其他营利性组织任职，不得从事与原工作业务直接相关的营利性活动。公务员辞去公职或者退休后有违反前款规定行为的，由其原所在机关的同级公务员主管部门责令限期改正；逾期不改正的，由县级以上工商行政管理部门没收该人员从业期间的违法所得，责令接收单位将该人员予以清退，并根据情节轻重，对接收单位处以被处罚人员违法所得一倍以上五倍以下的罚款。"

（2）2013年10月30日中组部发布《关于进一步规范党政领导干部在企业兼职（任职）问题的意见》（中组发〔2013〕18号，以下简称18号文）明确规定：现职和不担任现职但未办理退（离）休手续的党政领导干部不得在企业兼职（任职）；对辞去公职或者退（离）休的党政领导干部到企业兼职（任职）必须从严掌握、从严把关，确因工作需要到企业兼职（任职）的，应当按照干部管理权限严格审批；辞去公职或者退（离）休后三年内，不得到本人原任职务管辖的地区和业务范围内的企业兼职（任职），也不得从事与原任职务管辖业务相关的营利性活动。18号文中的党政领导干部包括所有公务员和参照公务员法管理人员中担任领导职务的人员和非领导职务人员。

上述两个规定及相关系列规定中的兼（任）职不仅限于企业行政领导职务，也包括外部董事、独立董事、独立监事等。故混合所有制改革企业聘任董事也应当关注上述问题，避免聘任无效以及承担相关责任。

（五）董事选聘注意事项

1. 经理层兼职董事。

为了保证决策层与执行层的分工与监督，保证科学决策和高效执行，也为了防止内部人控制现象发生，另外考虑到总经理本身有权列席董事会，因此在董事选聘中公司经理层兼任董事的比例不应过大，总经理、副总经理等高级管理人员兼任董事的人数不要超过全部董事的一半。

2. 董事履职能力。

我国相关立法对董事专业背景鲜有涉及，只针对上市公司要求"审计委员会中至少应当有一名独立董事是会计专业人士"。但作为公司决策中心，董事会决策水平包括决策的前瞻性、预见性和科学性，主要依赖于董事们的专业背景和行业经验。

巴菲特认为董事们必须具备丰富的商业经验，他说："社会上有许多聪明、有思想且受人景仰的知名人物，但他们对企业却没有充足的了解，这并不是他们的错，或许他们可以在别的领域发挥光芒，但他们不适合待在企业的董事会内。"[①] 因此，目标企业董事选聘必须关注董事专业背景和行业经验，应当考察候选人以下四个方面：（1）学习经历，包括毕业院校和专业；（2）管理者经历，是否在同等规模的企业担任过高级管理人员或技术岗位负责人；（3）专业技术经历，是否具有教授级工程师、教授、研究员、高级职称，或是否主持或承担过重大管理、经营或技术项目；（4）业绩成果，是否获得有数据可查的、公认的经营管理成果或技术项目成果。

另外，技术型专家担任董事有助于为企业技术创新提供资源，有助于推进企业扩大研发投入或减少技术创新的消极因素，有助于为企业创新提供专家信息和支持，从而促进企业科技创新和产业升级提供支持；海归背景的董事有助于将国际化视野、海外资源、先进的管理经验输入给目标企业。因此，技术导向或国际化战略导向的目标企业在董事会设置中应当关注技术专家型董事和国际化董事的选聘。

3. 董事履职时间和精力。

董事会的实质是在集体讨论的基础上进行集体决策，票决只是形成集体意见的形式，没有讨论的票决是不充分、不民主的。但据统计，

---

① ［美］劳伦斯·坎宁安. 巴菲特致股东的信：投资者和公司高管教程［M］. 北京：机械工业出版社，2018：73.

"过去四年，只有平均 39.52% 的主板公司独立董事和平均水平 2.60% 的中小板独立董事是采取现场出席董事会会议的，其他都是采取委托或通信出席方式"①。另外，董事们需要时间和精力在会前对董事会决策事项进行审阅、分析，并进行充分调研，否则董事会决策能力的提升只能是水中之花。所以，董事选聘，尤其是独立董事选聘，尤其应当关注董事的履职时间和精力，而且尽量不要聘用外地董事，增加沟通、通信、差旅等各种成本。

4. 董事聘任的风险控制。

公司应当与董事签署董事聘任合同控制相关风险。例如，保密义务，董事应当对其在任期间获得的所有公司商业秘密严格保密，无论在任还是离任期间；董事在任期间和离任后一定期限内不得担任与公司同类营业或与公司同类营业有竞争关系的公司的董事或高级管理人员。

二、董事的权利与义务

（一）董事的权利

董事的权利包括：（1）出席权和表决权，即董事出席董事会和对董事会审议事项进行表决的权利，出席权和表决权也是董事最基本的权利。（2）选举权和被选举权，即董事选举或被选举为董事长或副董事长的权利。（3）提议召开临时股东（大）会或临时董事会的权利，当然该提议权的行使必须满足法定的前提条件。（4）报酬享受权。（5）请求赔偿权。（6）监督权。（7）公司章程赋予的其他权利。

（二）董事的义务

1. 董事的忠实义务。

根据我国《公司法》第一百四十七条和第一百四十八条的规定，董事的忠实义务包括：（1）不得利用职权收受贿赂或者其他非法收入。

---

① 曾斌. 从独立董事表决情况谈我国独立董事制度的完善［J］. 清华金融评论，2017（1）：47-52.

（2）不得侵占公司的财产。（3）不得挪用公司资金。（4）不得将公司资金以其个人名义或者以其他个人名义开立账户存储。（5）不得违反公司章程的规定，未经股东会、股东大会或者董事会同意，将公司资金借贷给他人或者以公司财产为他人提供担保。（6）不得违反公司章程的规定，未经股东会、股东大会或者董事会同意，将公司资金借贷给他人或者以公司财产为他人提供担保。（7）不得未经股东会或者股东大会同意，利用职务便利为自己或者他人谋取属于公司的商业机会，自营或者为他人经营与所任职公司同类的业务。（8）不得接受他人与公司交易的佣金归为己有。（9）不得擅自披露公司秘密。（10）列席股东（大）会接受股东质询。（11）如实向监事会或者不设监事会的有限责任公司的监事提供有关情况和资料。（12）不得妨碍监事会或者监事行使职权。（13）不得从事违反对公司忠实义务的其他行为。

董事违反上述第（1）~（9）项义务以及第（13）项义务所得的收入应当归公司所有；另外，董事执行公司职务时违反法律、行政法规或者公司章程的规定，给公司造成损失的，应当承担赔偿责任。

2. 董事的勤勉义务。

我国《公司法》第一百四十七条规定董事对公司负有勤勉义务，但相关立法并未明确勤勉义务的内容。勤勉义务一般指董事应当以一个普通、正常人的合理、谨慎的态度，付出适当的时间和精力关注公司的经营，并按照股东和公司的最佳利益谨慎行事、恪尽职务。

三、董事会的运行

（一）董事会的种类

董事会分为定期会议、临时会议和特别会议。中国公司普遍实行三年一届的董事会选举制度，定期会议往往按照第几届第几次会议的顺序排列。临时会议是出现紧急、重要情况，需要董事会作出有关决议时召开的董事会会议。特别会议与前两种董事会不同，特别会议的召开往往不是为了作出具体决策，而是为了提高董事会的信息收集、战略能力及加强董事会和管理层的联系等，如"研讨会""务虚会""非正式会议"等，这种会议也可以邀请外部专家参加，以提高沟通和研讨效率与成果。

（二）董事会的召开

1. 董事会召开的原则。

（1）充分投入原则。一方面，董事要对议题材料和决策背景投入足够的时间进行分析研究；另一方面，公司要投入人力提供充分的材料，包括财务数据以及组织预讨论，以提高决策质量。

（2）坦诚参与原则。坦诚表达、充分讨论是董事会高效召开的首要原则，董事会决策是在充分讨论的基础上，董事们相互影响，共同思考、决策的结果，绝不是各个董事一票表决的统计结果。

（3）独立与诚信原则。董事要有质疑精神，探寻事实，提出建设性意见，不能仅凭表面材料就同意管理层意见。

（4）问题导向原则。董事会应当以解决决策问题、形成统一意见、达成共识为目标，避免偏离主题、议而不决。

（5）责任与监督原则。议事和决策是董事的义务，董事应当履行勤勉义务，担当责任，同时通过董事会会议议决的事项监督经营层的管理活动。

2. 董事会召开的法定条件。

（1）有限责任公司董事会召开法定条件。《公司法》仅规定有限责任公司董事会会议由董事长召集和主持；董事长不能履行职务或者不履行职务的，由副董事长召集和主持；副董事长不能履行职务或者不履行职务的，由半数以上董事共同推举一名董事召集和主持；董事会决议的表决，实行一人一票。

对于有限责任公司董事会的议事方式和表决程序，《公司法》除上述规定的，均授权由公司章程规定；包括对于董事会会议应有过半数的董事出席方可举行还是应当有 2/3 以上董事出席方可举行，《公司法》也没有明确规定，实践中由公司章程来规定。

（2）股份有限公司董事会召开法定条件。相对有限责任公司，《公司法》对股份有限公司董事会的召开有更为详细的规定：董事长召集和主持董事会会议，检查董事会决议的实施情况。副董事长协助董事长工作，董事长不能履行职务或者不履行职务的，由副董事长履行职务；副董事长不能履行职务或者不履行职务的，由半数以上董事共同推举一名董事履行职务；董事会每年度至少召开两次会议，每次会议应当于会议召开 10 日前通知全体董事和监事；代表 1/10 以上表决权的股东、1/3 以上董事或者监事会，可以提议召开董事会临时会议，董事长应当自接到提议后 10 日内，召集和主持董事会会议；董事会会议应有过半数的董事出席方可举行；董事会作出决议，必须经全体董事的过半数通过；董事会决议的表决，实行一人一票；董事会会议，应由董事本人出席；董事因故不能出席，可以书面委托其他董事代为出席，委托书中应载明授权范围。

（3）中外合资经营企业董事会召开法定条件。《中外合资经营企业法》和《中外合资经营企业法实施条例》对中外合资经营企业董事会召开有特别的规定：①董事会会议每年至少召开 1 次，由董事长负责召集并主持。董事长不能召集时，由董事长委托副董事长或者其他董事负责召集并主持董事会会议。②经 1/3 以上董事提议，可以由董事长召开董事会临时会议。③董事会会议应当有 2/3 以上董事出席方能举行。董事不能出席的，可以出具委托书委托他人代表其出席和表决。④下列事项由出席董事会会议的董事一致通过方可作出决议：合营企业章程的修改；合营企业的中止、解散；合营企业注册资本的增加、减少；合营企业的合并、分立。⑤其他事项，可以根据合营企业章程载明的议事规则作出决议。

3. 董事会召开工作步骤。

（1）确定议题。董事会秘书应当于会议前 1 个月向下属单位或各级部门征集董事会会议议题，并与董事长汇报确定会议议题。

（2）准备议案和材料。全面地、有针对性地准备会议议题材料，包括议案和相关辅助决策资料，是成功召开董事会会议并提升决策效率的关键环节。

（3）履行前置审议或讨论程序。需要履行党组织会议前置审议或总经理办公会前置审议及董事会专门委员会审议或讨论的议题，需要在董事会前组织召开前置审议或讨论程序的会议。

（4）会前沟通。董事会议案最好提前与各位董事充分沟通，会前解决分歧，会上高效通过，是一种高效决策的方式。

（5）统计出席人数。股份公司董事会会议应有过半数的董事出席方可举行，中外合资企业董事会会议应当有 2/3 以上董事出席方能举行，统计可出席人数及授权出席人数以确定会议时间和会议召开方式。

（6）发出通知和材料。股份有限公司董事会会议应当于会议召开 10 日前通知全体董事和监事，并正式发出会议材料；有限责任公司根据其章程的规定和股东会决议确定。

（7）召开会议。董事会会议由董事长召集和主持；董事长不能履行职务或者不履行职务的，由副董事长召集和主持；副董事长不能履行职务或者不履行职务的，由半数以上董事共同推举一名董事召集和主持。董事长主持召开会议包括组织讨论议案、表决议案、形成决议等。

（8）会议文件签署。董事会秘书负责组织董事会决议的起草和形成董事会记录，出席会议的董事应当在会议记录上签字。董事应当对董事会的决议承担责任。董事会的决议违反法律、行政法规或者公司章程、股东大会决议，致使公司遭受严重损失的，参与决议的董事对公司负赔偿责任。但经证明在表决时曾表明异议并记载于会议记录的，该董事可以免除责任。

4. 董事会召开注意事项。

（1）临时董事会。代表 1/10 以上表决权的股东、1/3 以上董事或者监事，可以提议召开董事会临时会议。董事长应当自接到提议后 10 日内，召集和主持董事会会议。

（2）董事会的召开频率、地点与时间。我国《公司法》规定，董事会会议每年召开两次，这是法定最低要求，实践中各公司每年召开两次或每季度一次或每月一次，完全依据公司经营的需求。召开地点一般在公司总部，也可在子公司经营地或其他第三地召开。董事会会议时间可以几个小时或一到两天，也取决于议题多少和复杂程度，完全可由公司根据具体情况来确定，但没有特殊情况时，还是要缩短时间，追求会议效率。

（3）董事会议题材料和座位安排。董事会秘书应当将会议资料最少会前一周之前发送董事们，从而使董事们有充足的时间审阅和思考，以及进行必要的会前预讨论。董事会会议资料除了议题材料以外，针对特别议题，公司可以准备一些与议题相关的支持决策的工作报性告、财务报告，以及组织针对特别项目的现场调研等，这将有利于决策意见的科学性和快速形成。

座位安排中应当注意，董事长和总经理（兼董事）最好不要相互对面，以避免对抗的感觉，董事会秘书应当坐在董事长或总经理旁边，以方便传递资料；列席人员总经理（不兼任董事）或监事或观察员，最好与董事同排就座，以有利于形成一个开放、包容的会议氛围，可以参与讨论，但不表决。但实践中，也有公司安排列席人员坐在后排，且没有董事长组织允许不能发言。不同方式各有利弊，适应与否取决于具体目标企业的股东意愿、治理效率需求等。

四、董事会建设应当注意的问题

（一）要建立股东利益和产业振兴、社会责任兼顾的董事会

目标企业原国有控制股东与混合所有制改革引进的财务投资者，往往会存在战略目标的不同。财务投资者一般会重点关注股东价值的提升及尽快上市等目标，但国有控制股东和目标企业一般除了股东价值，还会关注客户和员工的利益诉求，以及关注产业布局和行业整合，包括民族品牌的振兴等。因此，在混合所有制改制公司董事会组建和运营过程中，这种单一目标和多元目标的矛盾会客观存在，董事会应当以科学、客观的态度，充分沟通，做到股东利益和长远战略目标兼具，股东利益与公司价值、社会责任兼顾，从而促进公司持续增长、长远发展，实现企业、社会、环境和谐共生。

（二）要建立洞察产业环境和行业发展的董事会

目标公司外部投资者往往来自各个行业，在各自行业积累了丰富的行业经验，但当今世界经济发展令中国企业面临来自内部和外部激

烈的市场竞争，甚至颠覆性的挑战。因此，董事会应当聚焦熟悉目标企业所处行业，不断学习、勇于创新，以开拓性思维积极研究宏观经济形势和行业变化，带领公司适应不断变化中的全球经济环境和市场竞争，提升战略决策的前瞻性，保障公司持续健康发展和长远成功。

（三）要保证董事们充分的信息获取

国有企业在混合所有制改革之前，除上报国有出资人内部控制、内部监管所需相关信息外，没有日常信息披露的传统和习惯，混合所有制改革后，目标企业将面临信息披露等诸如此类新的问题，目标企业应当采取以下措施：

（1）在投资协议中明确约定需要日常披露的信息范围和时间期限；

（2）及时制定信息披露制度和流程，实现规范、高效、合法的信息披露；

（3）涉及特殊行业的混合所有制改革公司在保证董事们充分获取信息的同时，还要做好相关保密工作，实现两者兼具。

为保证董事们获取充分信息，一般有如下几个途径：

（1）公司定期提供相关材料，包括公司月报、季报、半年报和年报，以及全年的审计报告等；

（2）组织董事到生产基地、研发中心、经销商、供应商等进行调研；

（3）组织董事参加公司订货会、招商大会等专业会议；

（4）委托咨询公司研究提供行业报告等；

（5）组织董事定期访谈公司经营层等高级管理人员。

信息的充分获取是董事会科学决策的首要基础，在全球经济一体化、公司经营日益复杂化的知识经济时代，信息的及时、准确、完整披露对董事会重大战略决策意义非凡；数字化及信息传播的迅速性，也在迫使公司必须作出深远的变革，确保董事们获取正确的、充分的信息，以保证履职的能力，保证决策的科学合理。著名首席执行官、通用电器的董事会主席杰夫·伊梅尔特曾讲："董事会应当成为一个每种声音都会被听的地方。我们的会议室是公开的，董事们可以在任何时候同任何人进行互动。"

另外，在这个信息时代，没有什么公司信息可以真正保密，所以保持开放、专业的态度，保证董事会取得充分的信息，从而促进科学合理的决策，才是与外部经济同步调发展的明智之举。

（四）要制定规范、科学的董事会议事规则

董事会议事规则是对《公司法》和公司章程的补充和扩张，也是《公司法》等法律规则应对现实经济生活中公司治理需求的方法和工具，还是上联股东（大）会、下接总经理办公会的桥梁。因此，制定规范、科学的董事会议事规则是目标企业公司建立现代国有企业治理机制的核心。

1. 董事会议事规则的主要内容。

董事会议事规则一般应当包括总则、董事会职权、董事长职权、董事会会议的召集及通知程序、董事会会议议事和表决程序、董事会会议决议和会议记录、董事会决议的执行和报告、董事会秘书、附则等内容。

2. 董事会议事规则需要注意的事项。

（1）在公司治理实践中，真正运行良好、发挥效用的董事会仅拥有董事会法定职权是不够的，董事会议事规则应当根据公司章程和公司治理的实际需求约定更多职权，避免公司治理内部立法的空白。例如，批准一定数额的涉及公司与其董事、股东及其关联方重大关联交易的职权；根据董事长提名，决定聘任或解聘董事会秘书并决定其报酬的职权；根据审计与风险管理委员会建议，聘用或解聘对公司的财务报表进行审计的会计师事务所的职权等。

（2）董事会无法随时随地召开，公司日常经营中往往需要应对市场、迅速决策，因此，董事会工作规则需要董事会授权董事长在非董事会会议期间行使部分董事会权利。例如，在发生特大自然灾害等不可抗力的紧急情况下，对公司事务行使符合法律规定和公司利益的特别处置权，并在事后向公司董事会报告；董事会闭会期间，根据董事会授权，履行董事会其他部分职权。

（3）董事会议事规则在不违反《公司法》和公司章程的情况下，可以根据公司规模、董事会规模确定不同事项的表决通过比例，例如，部分事项需要出席会议全体董事一致通过才可作出决议。

第四节　董事长

一、董事长的地位

（一）董事长是董事会的代表

董事长由董事会选举产生，董事长的产生基于全体董事的投票选举，因此，董事长是代表董事会意志行使权力。另外，实践中根据需要，董事会可以授权董事长在董事会闭会期间，行使董事会的部分职权。因此，基于选举和授权，董事长是董事会的代表。

（二）董事长是公司的代表

我国现行《民法通则》第六十一条规定："依照法律或者法人章程的规定，代表法人从事民事活动的负责人，为法人的法定代表人。法定代表人以法人名义从事的民事活动，其法律后果由法人承受。"我国1994年《公司法》规定董事长是公司唯一法定代表人。2006年修订的《公司法》弱化了法定代表人的法定性，加强公司自治，赋予了公司在董事长、执行董事、经理之间选择法定代表人担当的权利，但实践中由于董事长和经理权利的职责定位和权力分配，大多数公司还是选择董事长作为公司法定代表人。尤其在2014年颁布的《中外合资经营企业法实施条例》中，第三十四条规定："董事长是合营企业的法定代表人。董事长不能履行职责时，应当授权副董事长或者其他董事代表合营企业。"也就是说，中外合资经营企业董事长是法定的唯一法定代表人。因此，基于法律的规定或章程的规定，董事长一般是公司的法定代表，对外代表公司。

二、董事长的权利和义务

（一）董事长的权利

1. 法律规定的职权。

基于法律的规定，董事长具有三方面的权利。

（1）作为法定代表人的权利。包括两个方面：一是代表公司执行业务的权利，如代表公司进行交易，签署合同等法律文件等；二是代表公司参加诉讼的权利，我国《民事诉讼法》规定，法人由其法定代表人代表参加诉讼。法定代表人也可以授权公司人员或律师作为代理人参加诉讼，但法定代表人是法律明确规定的公司的诉讼代表。

（2）作为董事的权利。作为董事会的一分子，董事长具有与其他董事一样参与董事会的权利，以及相关投票表决权、建议权、异议权、提案权以及董事会决议、记录签字权等。

（3）与董事会会议相关的权力。董事长作为董事会的召集人和主持人，具有召集董事会的权力、主持董事会的权力、检查董事会决议实施情况的权力等。

2. 公司章程规定的职权。

我国现行《公司法》删除了"公司根据需要，可以由董事会授权董事长在董事会闭会期间，行使部分董事会的部分职权"的相关规定，但为了提高公司治理效率，实践中公司章程或经董事会审议通过的董事会议事决策规则或专项授权文件可以对董事长的权利进一步明确，授权董事长在董事会闭会期间，行使部分董事会的部分职权。

另外，公司章程或经董事会审议通过的董事会议事决策规则可以赋予董事长临时处置权，对不可抗拒的自然因素、董事会职权中未涉及的重大紧急事项，由董事长按照有关规定处理后，及时向董事会报告处置情况。

3. 法律法规之外的延伸权利。

我国现行《公司法》第四十九条规定：有限责任公司可以设经理，

由董事会决定聘任或者解聘。经理对董事会负责，且"主持公司的生产经营管理工作，组织实施董事会决议"，而董事长是董事会的代表，且具有检查董事会决议实施情况的权利，所以在法律法规明确规定之外，非董事会期间的日常经营管理中，实质上总经理应当向董事长负责，且董事长具有监督总经理及经营层的日常管理工作、董事会决议执行情况的权利。

（二）董事长的义务

1. 忠实义务。

（1）竞业禁止的义务。现行《公司法》第一百四十八条规定，董事、高级管理人员不得未经股东会或者股东大会同意，利用职务便利为自己或者他人谋取属于公司的商业机会，自营或者为他人经营与所任职公司同类的业务。

（2）自我交易禁止的义务。现行《公司法》第一百四十八条规定，董事、高级管理人员不得违反公司章程的规定或者未经股东会、股东大会同意，与本公司订立合同或者进行交易。

（3）篡夺公司财产的禁止义务。现行《公司法》第一百四十八条明确规定，董事、高级管理人员不得挪用公司资金；不得将公司资金以其个人名义或者以其他个人名义开立账户存储；不得违反公司章程的规定，未经股东会、股东大会或者董事会同意，将公司资金借贷给他人或者以公司财产为他人提供担保等。

2. 勤勉义务。

董事长的勤勉义务即董事长勤勉、努力履职的义务，包括：出席董事会、充分了解公司信息、科学谨慎决策以及对总经理、其他经营层以及员工的监督等。

3. 特别义务。

（1）列席股东会接受质询的义务。现行《公司法》第一百五十条规定："股东会或者股东大会要求董事、监事、高级管理人员列席会议的，董事、监事、高级管理人员应当列席并接受股东的质询。"因此，在股东会或股东大会有要求的情况下，董事长作为董事，也承担接受股东质询的义务。

（2）向董事会报告的义务。董事长也具有将公司运营中的重要情况及时向董事会报告的义务，以便董事会取得充分信息，从而正确决策。

第九章　守护联姻的看门人：董事会秘书

董事会秘书通过保障公司治理、运营合规、沟通公关等工作平等维护联姻各方的合法权益及其融合、共进、共赢，是联姻的守护人。

第一节　董事会秘书的地位

《公司法》第二百一十七条规定：高级管理人员，是指公司的经理、副经理、财务负责人，上市公司董事会秘书和公司章程规定的其他人员。因此，上市公司董事会秘书是法定的公司高级管理人员。

混合所有制改革后的非上市公司是否设立董事会秘书由公司依据公司治理的需要及是否近期申报上市等具体情况来决定，非上市公司董事会秘书的地位也由公司章程约定或由董事会确定，公司章程规定或董事会确定为公司高级管理人员的则为公司高级管理人员。董事会秘书是连接董事会和经营层的桥梁，董事会秘书作为高级管理人员，一般是总经理办公会的成员。

我国董事会秘书这一称谓是中国证监会借鉴国外"公司秘书"而来，其实，"秘书"（文书工作）的两个字局限了中国公司治理中董事会秘书的地位和作用。另外，目前我国相关立法中的董事会秘书只是一个职位，但资本市场发展和公司治理实践已经将董事会秘书促成为更像是一个机构，董事会秘书应当是董事会的"秘书长"（董事会办公室、证券业务部等部门是协助其工作的办事机构），未来相关立法应当赋予"秘书长"更多公司治理方面的权利，促进董事会秘书理所当然地依法依规、积极充分地行使权利。例如，澳门地区《商法典》规定，公司秘书与公司股东会、董事会、行政管理层并列为公司的四大机关之一，公司秘书可由股东大会选举产生而不再隶属于董事会，从而通过立法的角度，提升董事会秘书的独立性、中立性和权威性。

第二节　董事会秘书的任职条件

在我国公司治理实践中，董事会秘书一般由董事长提名，由董事会审议确定；实践中也有公司章程约定由公司提名委员会提名，由董事会审议确定的。上市公司董事会秘书的选任需要考虑法律、法规及交易所规定的禁止性条件，以及候选人的专业条件和职业修养。

一、董事会秘书任职的禁止性条件

《上海证券交易所股票上市规则（2018年4月修订）》3.2.4条规定，有下列情形之一的人士不得担任公司董事会秘书：

（1）《公司法》第一百四十七条规定的任何一种情形；

（2）最近三年受到过中国证监会的行政处罚；

（3）最近三年受到过证券交易所公开谴责或者三次以上通报批评；

（4）公司现任监事；

（5）本所认定不适合担任董事会秘书的其他情形。

《深圳交易所股票上市规则（2014年修订）》第3.2.4条也规定了董事会秘书任职的禁止条件，内容与上述（1）、（2）、（3）、（5）完全相同，不同的是没有（3）、（6）款，但规定了"本所认定不适合担任董事会秘书的其他情形"作为禁止条件条款，因此，深圳交易所对此把握具有更为广泛的自主裁量权。

二、董事会秘书任职的专业条件

上交所和深交所上市规则均规定，上市公司董事会秘书应当取得董事会秘书资格证书，但取得了董事会秘书资格和董事会的任命并不意味着踏进了董事会秘书的门槛。

香港上市公司董事会秘书要经过严格的资格考试，且该秘书资格是特许的，董事会秘书首先是专业职位，属于专业人士。我国《公司法》只明确了董事会秘书的高管地位，交易所上市规则只是明确了董事会秘书任职的负面清单，都没有对董事会秘书的专业素养和水平进行特别要求，导致了只要是高管就可以兼任董事会秘书的误解。

事实上，董事会秘书必须具备强有力的专业能力和权威，才能引导、组织、说服公司内部各方配合、协同公司治理工作，也才能协调各方投资者沟通一致；董事会秘书要保证提交股东（大）会和董事会议案的材料的完备和到位，做好董事长的专业助手和智囊，而不能只是简单的二传手，把材料和报告"转交"给股东（大）会和董事会，把问题提交给董事长，影响决策效率，这对董事会秘书的专业水平提出了很高的要求；董事会秘书要做好合规运行的守护者，要提醒和说服董事、监事、总经理等，必须具有足够的专业能力和权威，否则他们对董事会秘书的专业性没有认识和尊重，自然不会采纳董事会秘书的意见，董事会秘书保证公司合规运营只能化为泡影。

因此，实际上董会秘书的专业能力和权威在很大程度上决定着该公司的治理质量，有人甚至讲"没有不好的公司治理，只有不合格的董事会秘书"。实践中，董事会秘书必须具备的专业条件主要包括：

（1）董事会秘书应当掌握《公司法》《证券法》、上市规则等各种法律、行政法规、部门规章和各种相关规定，成为法律理论和实务兼具的法务专家。

（2）董事会秘书要有过硬的财务知识，能够与中介、分析师、监管部门、投资人等进行财务沟通，成为善于协调沟通的财务专家。

（3）董事会秘书应当了解公司所处行业基本情况、市场竞争、自身战略定位、公司经营情况等，成为懂市场的行业专家，联交所《企业管治守则》明确要求"公司秘书应当是发行人的雇员，对发行人的日常事务有所认识"。

（4）董事会秘书应当具备一定的资本市场知识和技能，熟悉再融资和并购重组的方法、流程等，成为协助或组织公司资本市场融资、并购重组的专家。

（5）董事会秘书应当具备一定的组织协调能力和沟通能力，做好各方利益主体的沟通桥梁，促成各方利益的和谐一致。

三、董事会秘书的职业修养

（一）诚信

诚信是上市公司的基本义务，董事会秘书是上市公司践行诚信的主要载体，董事会秘书要帮助公司贯彻执行好良好的商业道德和守则，自己首先要严格遵守各项规则，树立诚信的职业道德。

（二）公正、中立

公司的本质是大股东、小股东、员工、债权人、监管机构、董事、监事、管理层、媒体、政府相关部门、中介机构等各方利益主体缔结契约的结合体，董事会秘书是各方利益主体的沟通桥梁，当各方相关利益主体发生利益冲突的时候，往往身处各方矛盾的核心，甚至会被误解、批评、投诉，但董事会秘书必须坚持公正、客观、独立的原则，实事求是，不唯权唯利，不唯大股东和董事长马首是瞻，客观、独立地理解、分析各方利益主体的诉求，既平衡各方利益诉求又兼顾和谐氛围，作为各方利益主体共同委托的职业人士，从全局出发，为各方利益主体献计献策，协调各种资源，坦诚沟通，促成各方利益的和谐一致，促进合理、科学决策和方案的形成。

（三）严谨、细致

董事会秘书工作大到参与公司战略制定，小到一页商函，都不能出现丝毫差错；董事会秘书的工作又是多头繁杂、内容广泛。因此，董事会秘书的工作一定要严谨、细致，敬畏细节、追求完美。

英国特许秘书及行政人员协会于 1986 年将秘书鸟作为自己的会徽。秘书鸟又叫蛇鹫，如此命名是因为它头上有 20 根黑色冠羽，貌似中世纪耳朵上夹着羽毛笔的秘书，英文名 Secretary Bird。蛇鹫高度警觉敏锐、谨小慎微，且作息有序，终身坚守"一夫一妻"制，雌雄蛇鹫从配对到死亡很少分开，全力忠诚、保护自己家园。采用秘书鸟作为公司秘书的象征，从某种角度凸显了公司秘书的道德修养和审慎习性。

第三节　董事会秘书的职责

一、一般职责

《公司法》第一百二十三条明确规定："上市公司设董事会秘书，负责公司股东大会和董事会会议的筹备、文件保管以及公司股东资料的管理，办理信息披露事务等事宜。"实践中，董事会秘书的职责一般包括以下七类。

（一）信息披露

上市公司董事会秘书是公司信息披露负责人，无论上交所还是深交所的上市规则都将信息披露规定为董事会秘书的首要职责。董事会秘书不仅要组织、协调公司信息披露工作，组织制定信息披露管理制度，还要督促公司及相关信息披露人遵守信息披露的规定。

1. 信息披露的主要内容。

信息披露包括强制性信息披露和自愿性依据披露。强制性信息披露包括发行信息披露（包括招股说明书、上市公告书和配股说明书等）和持续性信息披露（包括定期报告和临时报告）。定期报告主要是年度报告、半年度报告和季度报告；临时报告主要包括董事会、监事会、股东大会决议、关联交易、其他应当披露的交易以及其他重大事件等的披露。自愿性披露是公司主动向投资者发布信息披露，公司在自愿性信息披露时，应该审慎评估，尽量避免因为自愿信息披露导致未来法律纠纷。

2. 董事会秘书信息披露需要关注的问题。

（1）董事会秘书在信息披露实践中要执行、落实好"真实、准确、完整、及时、公平"五大原则，需要建立完整的信息披露体系作为支持，包括建立由董事会秘书直接领导下的信息披露部门（董事会办公室或证券部）、建立信息披露制度和内部审批流程、制定各种相关格式和模板等。

（2）董事会秘书是信息披露的负责人，但公司任何一个人都可能无意间充当公司信息披露人在各种场合发表公司相关信息，因此，董事会秘书尤其要通过制度、培训、提醒等方式确保公司董事长、总经理、董事、控股股东等信息披露义务人通过合法的途径、在合法时间发布合法的信息，防止上述人员在年终总结会、经销商大会等场合或通过微信、微博等手段不经意间发布信息，导致违反监管规定或股票市场波动，这一点在互联网和通信手段极其发达的今天，对于董事会秘书是一个很大的挑战。

（二）组织治理机制的运作

董事会秘书应当是公司治理专家，也是程序事项的专家，董事会秘书应当对股东（大）会、董事会、监事会、总经理办公会以及国有企业党组织会议的决策权限、权力界面、决策层级和程序非常清楚，且应当针对上述"五会"各项会议的组成、召开、议事程序、决策规则等建立明确的制度体系，保证"五会"权责清晰、高效运作、高度协同和权利制衡。

董事会是公司治理的核心和灵魂，董事会秘书在"五会"治理机制的运作中，应当首先重点担当辅助提升董事会决策能力、建立卓越董事会的职责。具体措施包括：

（1）与各位董事充分沟通，结合公司战略规划，做好年度董事会工作计划包括董事会会议计划，提升董事会决策的全局性和前瞻性。

（2）与董事长充分沟通，结合公司业务规划，及时、合理安排董事会会议议题。

（3）耐心做好董事会会议题材料的收集工作，与各汇报部门充分沟通，不断优化董事会议案材料。

（4）加强董事会决议的执行督导工作，保证董事会各项决策有效落实。

（5）合理应用中介机构提供咨询，为董事会决策提供专业支持，提升董事会决策的专业水平。

总之，董事会秘书应当为董事会决策做好助手，为董事会研究做好助手，为董事会会议组织召开提供服务等事务性工作不是董事会秘书的主要职责，董事会秘书应当督导董事会办公室或其他相关部门来承担。

（三）投资者关系管理

投资者关系管理（Investor Relations Management）最早由美国通用电气公司主席 Ralph J. Cordiner 在 1953 年提出，对投资者关系管理的定义各见纷呈，但大部分国内外学者研究表明：投资者关系管理能够加强投资者与公司之间的沟通交流，降低投资者和公司之间的信息不对称，提高投资者对公司的满意度和公司的商誉，降低资本成本，从而提升公司价值。

董事会秘书加强投资者关系管理需要把握三个基本原则。

1. 利益兼顾原则。董事会秘书对公司和董事会负责，公司是股东的，但也是员工、债权人、社会等各相关利益主体各种利益关系的总合。因此，董事会秘书在投资者关系管理中应当把握股东利益与各方利益相关者主体利益兼顾，尤其国有企业改制后公司，需要处理好国有控股股东集团管理措施与其他投资者利益的关系协调。

2. 系统性原则。投资者关系管理是一项系统工作，董事会秘书应当做好整体规划并推动董事会和总经理做好前瞻性的设计和资源投入计划。

3. 加强基础管理原则。投资者关系管理需要做好基础性工作，董事会秘书应当首先组织制定公司投资者管理制度，确定投资者关系管理的实施流程。其次，一方面应当通过金融类培训，提升公司内部经营层和管理人员对资本和资本市场的了解；另一方面，应当加强对投资者关于公司所处行业、市场的培训以提升投资者对于产业、产品的认识，从而促进投资者和公司达成共识；最后，公司应当利用现代化信息技术为公司与投资者沟通提供好技术平台保障，促进日常交流的及时高效。

投资者关系管理的主要措施包括：（1）组织投资人调研；（2）组织投资人年会；（3）组织投资人参与公司内部重大会议，如战略研讨会、年终总结会等；（4）分享业务机会，开展业务合作；（5）专题走访；（6）专题培训；（7）日常沟通等。

（四）内外沟通

一方面，董事会秘书是对外沟通的桥梁，沟通对象一般包括投资者、新闻媒体、中介机构等，上市公司还包括证券监督管理部门、交易所、证券分析师等；沟通内容包括公司战略、法定信息披露、重大事项、企业风险控制、产业发展趋势等；沟通目的是使外部投资者和监督管理部门及时、动态掌握和了解公司战略管理和运营管理的现状，降低信息成本，提升管理效率。另一方面，董事会秘书也是内部沟通的桥梁，董事会秘书应当列席党组织会议、监事会，参加股东（大）会、董事会和总经理办公会，尤其做好董事会（治理层）和总经理办公会（经营层）之间的沟通，提高董事会各项决策在经营层的执行效率和成效，促进董事会对经营层的科学考核与有效激励机制。

（五）资本运营

2017 年，深沪两市上市公司共计 3500 多家，但发生并购重组 8387 起，平均每家 2.4 起。因此，上市公司对董事会秘书资本运作方面的能力提出了更高的要求，董事会秘书应当在并购、资产重组和再融资等方面也成为行家里手。

（六）合规管理

董事会秘书的合规管理职责主要侧重于两方面：一是确保公司运营符合《公司法》《证券法》等法律法规和《上市公司治理准则》《上市公司章程指引》等部门规章以及交易所相关规则。上市公司董事会秘书尤其需要重点关注几个重点，如公司独立性、募集资金管理、重大交易、关联交易、信息披露等。二是确保公司在财务、审计、法律、安全生产等内部管控方面建立科学合理的制度体系并高效运行，形成全面、系统、有效的全面风险控制体系。

（七）行业研究

行业研究对于董事会秘书，是一项非常重要而又容易被忽视的基础知识领域，无论是投资者关系管理、外部沟通，还是信息披露和市值管理，还是参与投资并购，都需要董事会秘书对本公司所处行业有深入的了解，知己知彼，方能针对性对话，有的放矢地沟通和决策，更加确定地实现公司目的。

二、交易所关于上市公司董事会秘书职责的明确规定

《深圳证券交易所股票上市规则（2014 年修订)》第 3.2.2 条明确规定上市公司董事会秘书对上市公司和董事会负责，履行如下职责：

1. 负责公司信息披露事务，协调公司信息披露工作，组织制定公司信息披露事务管理制度，督促公司和相关信息披露义务人遵守信息披露相关规定。

2. 负责投资者关系管理和股东资料管理工作，协调公司与证券监管机构、股东及实际控制人、保荐人、证券服务机构、媒体等之间的信息沟通。

3. 组织筹备董事会会议和股东大会，参加股东大会、董事会会议、监事会会议及高级管理人员相关会议，负责董事会会议记录并签字。

4. 负责公司信息披露的保密工作，在未公开重大信息出现泄露时，及时向本所报告并公告。

5. 关注媒体报道并主动求证真实情况，督促董事会及时回复本所所有问询。

6. 组织公司董事、监事和高级管理人员进行证券法律法规、本规则及相关规定的培训，协助前述人员了解各自在信息披露中的权利和义务。

7. 督促董事、监事和高级管理人员遵守法律、法规、规章、规范性文件、本规则、本所其他相关规定及公司章程，切实履行其所作出的承诺；在知悉公司作出或者可能作出违反有关规定的决议时，应当予以提醒并立即如实向本所报告。

8.《公司法》《证券法》、中国证监会和本所要求履行的其他职责。

《上海证券交易所股票上市规则》第 3.2.2 条也明确规定了上市公司董事会秘书对上市公司和董事会负责及其具体职责。上海证券交易

所和深圳证券交易所关于上市公司董事会秘书职责的规定只有两点不同：一是深圳交易所股票上市规则明确规定，董事会秘书具有督促董事、监事和高级管理人员遵守法律、法规、规章、规范性文件、本规则、本所其他相关规定及公司章程，切实履行其所作出承诺的职责；但上海证券交易所只规定了提醒和报告的义务，且不包括董事、监事和高级管理人员所作出的承诺。二是上海证券交易所股票上市规则对于董事会秘书股东资料管理职责的规定比深圳证券交易所上市规则更加详细和具体。

第四节　董事会秘书的权利与义务

一、董事会秘书的权利

虽然《公司法》明确了董事会秘书的高级管理人员地位，但董事会秘书在公司内部管理中仍然是一个"尴尬"的角色，尤其在不兼任副总经理、财务总监、总法律顾问等实质性核心职务的情况下，单一任职的董事会秘书常常一方面无法介入业务，对公司战略、运营等不知情，另一方面协调、组织财务、业务、战略等各职能部门、事业部、子公司等配合公司治理、实现投资人管理、信息披露等工作缺乏权威和力度，因此，通过立法、行业规则和内部管理制度，强化董事会秘书的权利是加强公司治理和合规运营的保障。董事会秘书的权利主要有：

1. 出席董事会和股东（大）会的权利。董事会秘书协助董事长组织董事会，因此出席董事会是董事会秘书履职的实际需要。一般情况下，董事会秘书作为高级管理人员具有参加总经理办公会的权利，另外，董事会秘书应当列席监事会，在国有企业还应当根据公司需要列席党组织会，以协调公司党组织和"三会一层"的协调运作。

关于董事会秘书参加股东（大）会，《公司法》第一百五十条规定，股东会或者股东大会要求董事、监事、高级管理人员列席会议的，董事、监事、高级管理人员应当列席接受股东的质询，也就是说作为高级管理人员的董事会秘书应股东（大）会要求必须列席股东会或者股东大会且接受股东质询，但此情况形外，一般情况下，董事、监事、高级管理人员能否参加股东（大）会在立法层面是个空白。

但《上市公司股东大会规则》第二十六条以及《上市公司章程指引（2016 年修订）》第六十六条明确规定：公司召开股东大会，全体董事、监事和董事会秘书应当出席会议，经理和其他高级管理人员应当列席会议。也就是说，上市公司董事会秘书必须出席股东大会会议。《上市公司股东大会规则》和《上市公司章程指引》的上述规定是针对上市公司进行行业监管的需要，也是对公司立法在实践中的探索和补充。

但《公司法》没有禁止董事、监事、高级管理人员出席或列席股东（大）会，根据公司自治原则，实践中大多数非上市公司在章程中根据公司需要都规定董事、监事、高级管理人员包括董事会秘书可以参加股东（大）会，实践操作中由股东（大）会的组织者董事会来决定。

2. 获得工作支持的权利。董事、监事、财务负责人、其他高级管理人员和相关工作人员应当支持、配合董事会秘书的工作。

3. 知情权。董事会秘书为履行职责，有权了解公司的财务和经营情况，参加涉及信息披露的有关会议，查阅涉及信息披露的所有文件，并要求公司有关部门和人员及时提供相关资料和信息。

4. 执业维护的权利。《上海证券交易所股票上市规则（2018 年 4 月修订）》和《深圳证券交易所股票上市规则（2014 年修订）》均规定，上市公司解聘董事会秘书应当具有充分理由，不得无故将其解聘。上交所《董事会秘书管理办法》还规定，董事会秘书有权就被公司不当解聘，向交易所提交个人陈述报告。上述规定的目的都力图保护上市公司董事会秘书的执业安全，但实践中由于"充分理由"没有具体细化规定，"向交易所提交个人陈述报告"也只是一个陈述的机会，且上述规定立法效力过低，因此，实际救济效力很弱，董事会秘书的执业维护需要更高效力法律的具体规定和保护措施。可以采取的途径有：（1）在公司法中提升董事会秘书的权利和地位。（2）借鉴《美国标准公司法》，在公司法中规定董事会秘书的赔偿请求权，如董事会可以随时撤换董事会秘书，但若无正当理由，董事会秘书可以向公司请求赔偿。（3）在上市公司治理准则中增加独立董事对董事会秘书任免的投票权，如董事会秘书的任免必须1/2以上独立董事讨论通过，才能提交董事会。

5. 举报和申诉权。上市公司董事会秘书在履行职责的过程中受到不当妨碍和严重阻挠时，可以直接向交易所报告。

6. 辞职的权利。

7. 上市公司应当保证董事会秘书在任职期间按要求参加交易所组织的董事会秘书后续培训。

根据公司自治原则，公司章程可以赋予董事会秘书更广泛的权利范围，在我国公司运营实践中，有的公司也已经结合公司治理的需要赋予了董事会秘书更多的权利，如向董事会提出议案的权利等。

二、董事会秘书的义务

董事会秘书的义务主要是忠实义务和勤勉义务。忠实义务指为公司执行职务时主观上应当竭尽忠诚，必须为公司最佳利益和适当目的行事，客观上不得将个人的利益摆到与公司利益相冲突的位置上。忠实义务是一种不作为义务，不得从事某种行为来满足法律规定的要求。勤勉义务指董事会秘书应当谨慎、认真地行使公司所赋予的权利，在行使公司所赋予的权利时，以一个合理的、谨慎的人在相似的情况下所应当表现的谨慎、勤勉和技能为其所应为的行为。勤勉义务是一种作为义务、积极义务，不作为即违反法律规定，应当承担相应的责任。

（一）忠实义务

1. 不得利用职权收受贿赂或者其他非法收入，不得侵占公司的财产。

2. 不得挪用公司资金。

3. 不得将公司资产或者资金以其个人名义或者其他个人名义开立账户存储。

4. 不得违反公司章程的规定，未经股东大会或董事会同意，将公司资金借贷给他人或者以公司财产为他人提供担保。

是否可以为本公司股东担保？修订后的《公司法》删除了董事、

经理不得以公司资产为本公司的股东或者个人债务提供担保的有关内容，说明为本公司股东担保不属于违规担保。

为本公司股东担保的特殊程序：关联股东回避制度。

5. 不得违反公司章程的规定或未经股东大会同意，与本公司订立合同或者进行交易（限制自我交易）。

6. 未经股东大会同意，不得利用职务便利，为自己或他人谋取本应属于公司的商业机会，自营或者为他人经营与本公司同类的业务。

7. 不得将他人与公司交易的佣金归为己有。

8. 不得擅自披露公司秘密。

9. 不得利用其关联关系损害公司利益。

10. 法律、行政法规、部门规章及本章程规定的其他忠实义务。

需要注意的是，董事会秘书辞职生效或者任期届满，应向董事会办妥所有移交手续，其对公司和股东承担的忠实义务，在任期结束后并不当然解除，在公司章程规定的合理期限内仍然有效。例如，上市公司保密义务直至信息披露日才解除；其他义务的持续期应当根据公平性的原则决定，取决事件发生时与离任之间时间的长短及事件本身与公司关系的密切程度。

（二）勤勉义务

上市公司董事会秘书应当遵守法律、行政法规和本章程，对公司负有下列勤勉义务。

1. 应谨慎、认真、勤勉地行使公司赋予的权利，保证公司的商业行为符合国家法律、行政法规及国家各项经济政策的要求，商业活动不超过营业执照规定的业务范围。

2. 应公平对待所有股东（接受股东的质询）。

3. 及时了解公司业务经营管理状况。

4. 应当对公司定期报告签署书面确认意见，保证公司所披露的信息真实、准确、完整。

5. 应当如实向监事会提供有关情况和资料，不得妨碍监事会或者监事行使职权。

6. 法律、行政法规、部门规章及公司章程规定的其他勤勉义务。

第五节　董事会秘书的法律责任

董事会秘书的法律责任指董事会秘书执行公司职务时违反法律、行政法规或者公司章程的规定，应承担的法律后果。一般包括民事责任、行政责任、刑事责任和交易所的惩罚措施。

一、民事责任

1. 归入责任：董事、高级管理人员违反忠实义务规定所得的收入应当归公司所有。

2. 对公司损害赔偿责任：公司的控股股东、实际控制人、董事、监事、高级管理人员不得利用其关联关系损害公司利益。违反前款规定，给公司造成损失的，应当承担赔偿责任。

3. 对股东的损害赔偿责任：董事、高级管理人员违反法律、行政法规或者公司章程的规定，损害股东利益的，股东可以向人民法院提起诉讼。

二、行政责任

1. 违反证监会有关主管部门规定。

2. 证券法的规定：警告、罚款、没收违法所得、被认定为市场禁入人员等。

三、刑事责任

1. 我国《刑法》第一百六十一条规定了违规披露、不披露重要信息罪，主要指依法负有信息披露义务的公司、企业向股东和社会公众提供虚假的或者隐瞒重要事实的财务会计报告，或者对依法应当披露的其他重要信息不按照规定披露，严重损害股东或者其他人利益，或者有其他严重情节的，对其直接负责的主管人员和其他直接责任人员，处三年以下有期徒刑或者拘役，并处或者单处二万元以上二十万元以下罚金。

2. 我国《刑法》第一百六十九条规定了背信损害上市公司利益罪，主要指上市公司的董事、监事、高级管理人员违背对公司的忠实义务，利用职务便利，操纵上市公司从事下列行为之一，致使上市公司利益遭受重大损失的，处三年以下有期徒刑或者拘役，并处或者单处罚金；致使上市公司利益遭受特别重大损失的，处三年以上七年以下有期徒刑，并处罚金：

（1）无偿向其他单位或者个人提供资金、商品、服务或者其他资产的；

（2）以明显不公平的条件，提供或者接受资金、商品、服务或者其他资产的；

（3）向明显不具有清偿能力的单位或者个人提供资金、商品、服务或者其他资产的；

（4）为明显不具有清偿能力的单位或者个人提供担保，或者无正当理由为其他单位或者个人提供担保的；

（5）无正当理由放弃债权、承担债务的；

（6）采用其他方式损害上市公司利益的。

董事会秘书作为上市公司的高级管理人员，涉及上述违规披露、不披露重要信息罪、背信损害上市公司利益罪等相关行为的，则可能构成刑事犯罪，承担刑事责任。

四、证券交易所处罚

证券交易所是为集中交易提供场所和设施，组织和监督证券交易，实施自律管理的法人。证券交易所的监督管理和处罚属于自律监管，是对政府监管的补充。证券交易所处罚权力的来源主要有：（1）国家法律法规章的授权；（2）证券交易所章程、业务规则、上市协议的规定；（3）董事声明及承诺书等。

第六节　董事会秘书的职业风险

一、来自公司外部的风险

董事会秘书的主要工作是与交易所联络、协调，组织上市公司信息披露事宜，与投资者及新闻媒体联络等，是公司对外的窗口，处在公司与外界的交汇点，也是公司与外界矛盾的交汇点。

一方面，证券市场监管日趋严格，近年来证监会贯彻落实依法、全面、从严的监管执法原则，严格高效规范文明开展各项行政处罚工作。2017 年上半年，共作出 113 项行政处罚决定，罚没款共计 63.61 亿元，较 2016 年同期增长 149%，对 30 人实施市场禁入，接近 2016 年全年水平；上半年处理信息披露违法案件 24 起，内幕交易案件 24 起，操纵市场案件 14 起，中介机构违法案件 12 起，短线交易案件 6 起，违法减持股票案件 6 起。在依法全面从严监管的背景下，上市公司董事会秘书的履职压力、外部风险势必加大。

另一方面，目前我国证券市场处在发展时期，有关法律、法规还在不断地建立和健全，易造成董事会秘书在行使职权中的困惑，也加大了董事会秘书的职业风险。

二、来自公司内部的风险

国有企业改制成立的上市公司往往是国有企业集团的子公司，集团化管理理念、体系、方法等并没有完全适应证券市场对目标企业独立市场主体的要求；现实经济生活中传统、风格保守的董事长一般对上市公司的规范化运作和董事会秘书的作用没有充分的认识，董事长迫使董事会秘书违规、控制股东迫使董事会秘书牺牲小股东利益等现象偶有存在；很多董事会秘书身兼数职，但公司没有在机构设置、工作人员配备、管理制度方面给予配合和支持等，往往造成公司不规范运作和董事会秘书工作远超负荷或被无端解聘等情形，以上均导致董事会秘书面临众多来自公司内部的职业风险。

第十章　提升联姻成效的助推器：中介机构

混合所有制改革和员工持股工作涉及会计师事务所、资产评估机构、律师事务所、财务顾问、人力资源咨询公司、秘书公司、产权交易代理机构、公证机关等各类中介机构，中介机构提供的专项服务，具有独立、专业、高效的特点，弥补了目标企业在专业、人员、资源等方面的不足，尤其审计报告、评估报告、法律意见书、公证文书等都是具有法律效力的、不可或缺的第三方文件。因此，资本联姻过程中的中介服务不可或缺，中介机构是提升联姻成效的助推器。

第一节　中介机构管理的五个"不要"

一、不要放弃竞争性选聘

目标企业改制往往涉及资产、员工、引入投资者等多方面事项，内容比较复杂，对专业和经验的要求比较高，最好通过招标、竞争性谈判等竞争性机制来确定中介机构，单一来源、随机抽签等方式无法公开吸引更多应聘者，也无法形成竞争机制，难以保证选聘工作的公正性和科学性。

目标企业应当建立中介机构管理制度，确保中介机构选用的制度性、规范性，避免随意性和管理薄弱。另外，费用高低不应当成为是否豁免竞争性选聘的判断标准，竞争性选聘除了费用外更重要的是服务水平和质量的竞争评价，因此，即使几千元服务费用的中介服务项目，也需要竞争性选聘，当然，形式、流程可以简化。

当然，部分特殊情况下，可以采取非竞争性竞价的直接选聘方式，包括：（1）时间要求非常紧，临时发生事项或者突发事项需要的中介服务，无法通过公开招标、邀请招标等方式选聘的；（2）前中介服务事项是后续事项的基础或前后事项具有紧密的关联性，由原中介继续提供服务更为高效、经济的；（3）相关政府部门或行业协会明确规定了指定服务中介机构的。

二、不要采用中介服务模板合同

中介服务合同是确定中介机构服务内容和标准的主要文件，实践中大家往往忽视中介机构合同条款的起草和签署，直接使用中介机构提供的千篇一律而又简单的模板，出现分歧时，缺乏谈判沟通的依据，导致不了了之或法律纠纷，从而影响项目效率、损害改制公司利益。目标企业应当严格审核中介服务合同：（1）全面、翔实地确定中介机构的服务内容，避免服务内容约定有遗漏、面临任务时中介机构临时提出额外的费用增加；（2）科学设定中介服务成果交付和费用支付的节点配合，严格做好费用管理，减少成本；（3）把握好合同签署时间，确保中介机构专业水平和工作效率。

三、不要过度依赖中介机构

有的企业在聘用中介机构后，将改制事务全权委托给中介机构，没有企业自身的主导，没有监督管理，存在过度依赖中介机构的倾向。实际上，由于不同的行业重点以及公司发展历程的复杂性，中介机构永远没有目标企业自己了解自己的企业状况和发展需要，中介机构的主要角色应当是目标企业的助手，辅助目标企业进行改制；目标企业必须配备专业的内部管理人员，确定总协调人，由总协调人负责执行公司内部混合所有制改革和员工持股相关决策，并组织内部财务、法律、投资等部门监督、指导、协调中介机构共同工作，避免"全委托、无管理"现象。

四、不要忽视团队选择

实践中，部分大型中介机构由于项目多或其他原因，会出现中途更换项目负责人和主要专业人员的情况，影响项目进度和质量；另外，有些中介机构凭借低价中标后，给目标企业配备较小年纪的专业人员，其服务质量难以保证，服务效果与期望值往往有较大差距。因此，在选聘中介机构之初，不仅要关注中介机构本身的专业性、资信状况，还要关注中介机构给本项目配备的专业团队，尤其专业团队的稳定性和类似项目经验。

五、不要迟延保密义务

中介机构选聘过程中需要对项目进行初步描述，因此，在与中介机构邀请选聘、接触、询价等前期磋商之始，就应该要求中介机构签署保密承诺，确定中介机构后，应当尽快签署保密协议，理论上，中介机构的保密义务期间是无期限、永远的（法律规定的除外情形例外）。

第二节　中介机构的核心任务

一、律师事务所的核心任务

1. 法律尽职调查，并对尽职调查中发现的问题提供法律解决方案；
2. 协助做好清产核资（如有）、产权界定，协助目标公司明晰土地资产（土地使用权）、知识产权、股权资产等资产的产权边界；
3. 参与改制方案的设计，论证法律上的可行性；
4. 参与设计资产、债权债务重组方案，对重组方案提供法律建议；
5. 就改制决策程序是否符合法律法规及章程规定提供法律意见；
6. 为引入战略投资者提供法律服务；
7. 参与员工持股方案设计和员工持股管理法律的制定，为员工持股方案实施提供法律支持；
8. 为建立、完善改制后的组织形式、法人治理结构提供法律意见；
9. 投资协议的起草及协助谈判；
10. 起草目标公司章程、合营合同（如有）等公司设立文件；

11. 协助起草股东（大）会工作规则、董事会议事规则、监事会议事规则、总经理工作规则等公司治理制度及与混合所有制改革、员工持股相关的其他法律文件；

12. 出具上报改制方案同时必备的国有企业改制相关法律意见书以及员工持股方案的法律意见书；

13. 针对混合所有制改革与员工持股相关专项问题提供法律备忘录；

14. 协助办理商务部门和工商部门审批、变更登记和备案事宜，以及与此相关的法律咨询意见、建议。

二、财务顾问的核心任务

财务顾问是混合所有制改革及员工持股项目的主协调人，负责协调公司内部各专业职能机构和各中介机构的工作，具体如下：

1. 作为主协调人，制定项目例会机制、专项工作会议机制、内外部沟通协调机制、保密披露机制、媒体公关机制等工作机制；

2. 作为主协调人，召集定期例会，汇总、讨论项目工作进展、主要问题和解决方案，制订下一步工作计划；就工作中出现的专题问题及时召集相关各方召开专题会议，分析问题、提出方案并确定执行责任人；

3. 负责业务尽职调查，组织各中介机构和目标企业进行各项尽职调查，对尽职调查发现的问题组织论证，提供解决方案；

4. 作为主协调人，协助起草、论证目标企业混合所有制改革方案和员工持股方案；

5. 作为主协调人，协助目标企业处理与外部投资者相关的各项工作，包括组织外部投资者选择及组织目标企业与外部投资者的沟通、谈判；

6. 协助目标企业在资产评估基础上，研究、确定引入外部投资者和员工持股的融资规模、交易价格等；

7. 其他应当由财务顾问承担的工作。

三、会计师事务所的核心任务

1. 负责财务尽职调查，并对相关问题提出整改、规范建议和解决方案；

2. 根据确定的资产边界按会计准则要求出具规定期间的财务审计报告；

3. 核验目标企业的非经常性损益明细项目和金额；

4. 对目标企业主要税种纳税情况出具专项意见；

5. 对目标企业原始财务报表与申报财务报表的差异情况出具专项意见；

6. 协助目标完善内部控制制度、出具内控完善建议；

7. 协助目标企业就审计问题与审批机构进行沟通；

8. 根据需要审计机构出具验资报告；

9. 协助目标企业建立财务估值模型，进行资本结构和融资结构分析，准备盈利预测和现金流预测（如需），对企业盈利预测报告进行审核，并出具盈利预测审核报告（如需）；

10. 其他需要审计机构提供的上市相关专业服务。

四、评估机构的核心任务

1. 按照确定的资产边界进行资产评估并出具资产评估报告；

2. 协助目标与相关主管部门进行沟通、完成资产评估报告的备案工作；

3. 协助目标企业和相关审批机构进行沟通；

4. 其他应当由评估师承担的工作。

参考文献

［1］厉以宁，程志强．中国道路与混合所有制经济［M］．北京：商务印书馆，2014.

［2］［美］沃伦·巴菲特．巴菲特致股东的信：投资者和公司高管教程［M］．北京：机械工业出版社，2018.

［3］［西］佩德罗·雷诺．未来董事会：企业的改变，从董事会开始［M］．北京：中国财富出版社，2017.

［4］晓甘．国民共进：宋志平谈混合所有制［M］．北京：企业管理出版社，2014.

［5］徐永前．员工持股、股权激励与主协调律师制度［M］．北京：法律出版社，2016.

［6］［美］克里斯托弗·哈里森．达成交易：兼并与收购中的谈判策略［M］．王晔，译．北京：中信出版社，2017.

［7］中国资产评估协会．混合所有制经济发展与资产评估［M］．北京：经济科学出版社，2015.

［8］沈春晖．一本书看透 IPO：A 股 IPO 全流程深度剖析［M］．北京：机械工业出版社，2018.

［9］尚宏金．企业境内上市之路［M］．北京：中国政法大学出版社，2014.

［10］赵万一．公司治理的法律设计与制度创新［M］．北京：法律出版社，2015.

［11］江锦聪，范圣忠．新三板金牌董秘［M］．北京：中国经济出版社，2016.

［12］韩龙．公司董事会决议效力研究［M］．北京：法律出版社，2016.

［13］深圳证券交易所创业企业培训中心．上市公司规范运作指引［M］．北京：中国财政经济出版社，2015．

［14］浙江上市公司协会董事会秘书专业委员会．上市公司董事会秘书工作手册［M］．北京：经济科学出版社，2013．

［15］贺绍奇．混改从混合走向融合的路径选择：从股东中心到董事中心［J］．中国市场，2016（39）．

［16］杜天佳．厘清国有企业混合所有制改革核心问题［J］．中国发展，2014（4）．

［17］屈艳芳，郭敏．国有企业引进战略投资者的风险分析与防范策略［J］．河北经贸大学学报，2008（1）．

［18］屈艳芳，郭敏．国有企业引进战略投资者的界定、条件与流程控制［J］．管理世界，2008（3）．

［19］黄广平．浅论国有企业引进战略投资者的策略分析［J］．价格月刊，2007（5）．

［20］荆春凳．如何引进战略投资者［J］．中国机电工业，2001（1）．

［21］王昶，李芊．引进战略投资者的谋略［J］．产权导刊，2005（7）．

［22］杜鹃．基于分享经济理论的员工持股计划模式比较及借鉴［J］．上海管理科学，2016（4）．

［23］沈文玮．经济民主视角下的混合所有制员工持股分析［J］．现代经济探讨，2015（5）．

［24］《国有企业股份制改造的政策与措施研究》课题组．国企改制中财务审计与资产评估研究（上）［J］．审计与经济研究，2006（6）．

［25］《国有企业股份制改造的政策与措施研究》课题组．国企改制中财务审计与资产评估研究（下）［J］．审计与经济研究，2007（1）．

［26］唐现杰，张海峰．国企改制中资产评估制度的思考［J］．哈尔滨商业大学学报，2005（1）．

［27］肖俊．试论国有企业改制中的资产评估［J］．湖南经济管理干部学院学报，2004（3）．

［28］来定克．国企改制的资产评估应把握好五个环节［J］．管理论坛，2006（12）．

［29］高晓晔．国企混合所有制改革下股权激励方案设计建议［J］．群言堂，2016（10）．

［30］官欣荣，刘嘉颖．国有企业试试员工持股计划的法治思考［J］．南方金融，2017（1）．

［31］路军．董事的会计师事务所工作背景与企业业绩预告质量［J］．山西财经大学学报，2016（5）．

［32］杜兴强，谭雪．董事会国际化与审计师选择：来自中国资本市场的经验证据［J］．审计研究，2016（3）．

［33］吴溥峰，张田田，杨柳．董事会结构特征与会计稳健性［J］．生产力研究，2017（12）．

［34］邵雨凝．董事会性别多样化与杠杆效应的相关性研究［J］．沈阳大学学报（社会科学版），2017（1）．

［35］何红渠，赵添喆．管理者过度自信与企业过度投资［J］．南方金融，2017（12）．

［36］金浩，张俊丽，李国栋．企业成长战略、研发投入与董事会治理关系研究［J］．现代管理科学，2016（2）．

［37］唐雪松，林雁．董事来源地特征、政治关联等级与公司价值［J］．经济理论与经济管理，2016（2）．

［38］赖衍禹．董事离职法律问题研究［J］．上海市经济管理干部学院学报，2017（1）．

后 记

　　中粮集团所属中国茶叶有限公司作为国务院国资委混合所有制企业员工持股首批十家试点之一，历时半年紧张而艰苦的工作，引进了中国人寿、中信农业基金、厚朴投资等外部投资者，同时实施了员工持股计划，并于 2017 年 7 月 20 日完成了工商变更登记，正式成为员工持股的混合所有制中外合资企业。

　　2017 年 10 月国庆长假，我萌生了撰写本书的想法。一是为了总结和反思在混合所有制改革与员工持股项目中遇到的难题和解决方案；二是为了弥补项目启动之初遍查网上书店没有找到一本相关实务书籍的空白。

　　加入国企 20 年，20 世纪末，参与了若干家子企业的股份制改革及当时职工持股会形式的职工持股实践；21 世纪初，又参与若干家子企业的主辅分离、辅业改制；10 年前，负责组织了公司整体改制上市申报前的所有工作，包括 30 多项股权的转让、1 家子企业的破产、20 多家子企业的清算关闭、若干境内外子企业和BVI 公司的新设，以及若干家子企业职工持股会形式的职工股的收回；2017 年，又亲历了混合所有制改革和新形势下的员工持股。不同阶段、不同路径、不同具体目标的国企改革实践，磨砺、铸造了我对国企改革工作的深刻感情、坚定信念和殷殷希冀。因此，写作的过程繁忙但快乐，因为熟悉，每一个字节随着思索在指尖的敲击中轻轻流淌而过，但直至 2018 年 10 月国庆长假本书完稿，我用了整整一年时间里所有的法定节假日和周末时光。

　　感谢中粮集团马德伟总法律顾问，他在项目管理和风险把控等方面的指导与帮助，让我受益匪浅；同时，感谢集团人力资源部王之盈总监，他寄予晨光三期学员的"持续激发，止于至善"的班训持续激励着我们每一天都砥砺前行。

感谢中国茶叶殷建豪董事长。殷董事长宏观统筹、系统思考和直逼本质的思维方式，务实的工作作风及原则性与灵活性高度结合的工作方法，提示我认识到仅有知识的专业性与成事的专业度之间的差别，促使我自我改造，也促成了本书的最终完成。

感谢原中粮集团马建平副总裁、原中国茶叶王震董事长、田涛总经理等老领导们在工作中给予我的指导和鼓励。

感谢中国茶叶法律团队陈雷副总经理、王鸿超总经理助理等所有成员，以及中国茶叶质量安全团队、上市办公室团队、董事会办公室团队每一个工作日的快乐相伴。

感谢中国金融出版社亓霞主任，本书从成稿到付梓，体现了她高超的文字功底和扎实的理论基础。

感谢父亲母亲，是他们的严格教育塑造了我的自律与认真；感谢博士先生28年来的包容和衿契之怀。

感谢所有的读者们，你们在国有资本与非公有资本融合共进、国有企业混合所有制改革和员工持股方面的探索和实践，终将融入提升国有企业影响力、活力和创新能力的伟大事业，提升各类企业为社会提供高质量产品和服务的能力，进而提升我们每一个人的生活水平和幸福指数。

中国茶叶有限责任公司的混合所有制改革与员工持股，只是众多国企混合所有制改革和员工持股模式、路径中的一种实践，本书内容全部基于作者独立思考和研究，力求突破个案、地域、行业总结出实践中共性、普遍性应用的原则和方法，且未涉及中国茶叶有限公司混合所有制改革与员工持股的任何具体内容，因此，也仅代表个人观点。

　　本想撰写一本一口气就能读完，且读完就能明确知晓如何操作的书，但由于时间仓促、积累有限，本书难免存在不足或疏漏之处，敬请各位读者批评指正。

张小凤

2019 年 1 月